A Denise ces

«
Chroniques de prétoire
 »

Histoires drôles et moins drôles

en souvenir amical de nos agréables rencontres à Millemont.

[illegible]

Paris - le 21-04-2013.

Les Carnets **de l'info**

À Laurence et Christophe

« Tout cela n'était-il pas absurde ? Absurde et détestable, ce dédale de pierre hanté de comédiens en robes rouges ou noires [...]. La violence, la passion, la malice et la méchanceté du monde viennent s'échouer dans cette gare immense, dans ces salles d'école jamais aérées, devant trois maîtres pensifs, un gratte-papier, deux tragédiens bavards, un public méprisable... »

Gilbert Cesbron, *C'est Mozart qu'on assassine*

Remerciements

Merci à Marie-Françoise Masson, sans laquelle ces chroniques n'auraient jamais vu le jour. Un soir où je lui racontais quelques-unes de ces petites histoires, elle m'a suggéré de les écrire et de les regrouper. Puis elle m'a poussée et aidée à rechercher d'autres souvenirs, me stimulant et m'encourageant semaines après semaines, sans compter ni son temps, ni son énergie. Sans elle, je n'aurais jamais pu aller au bout de ce projet. Merci encore, Marie-Françoise !

Merci aux avocats, magistrats, et autres acteurs de la vie judiciaire, héros involontaires de ces petits récits, dont j'ai dû maquiller les traits et travestir les éléments de reconnaissance pour les besoins de l'anonymat, mais qui ont inspiré quelques-unes de ces histoires…

Merci à tous mes proches que j'ai littéralement épuisés.

Merci à Danielle, à Nicole, à Didier, Pierre, et Sylvia, Catherine et Monique, Michèle, Tristan, Renée, Alain, Huguette et Dominique, Évelyne, et beaucoup d'autres encore : tous, avocats, magistrats, journalistes, et simplement parents et amis venus d'autres horizons, ont dû, bon gré, mal gré, un soir ou l'autre, à l'issue d'un dîner entre amis chez moi (ils étaient piégés), subir la lecture interminable de quelques-unes de ces chroniques. Tout en maintenant ma confiance par quelques rires bienvenus, ils m'ont entourée de conseils avisés et sans complaisance.

Merci à Christophe Rouxel qui, un soir et après l'une de ces lectures improvisées, m'a dit qu'il trouvait cela drôle et pensait à un éditeur…

… enfin, merci à ce dernier, méticuleux, patient, pour sa confiance.

J'oubliais l'essentiel : merci par avance à tous ceux qui, après lecture, et en dépit de celle-ci, accepteront, comme je le souhaite, de garder confiance en la justice de leur pays.

Sommaire

Avant-propos

Personne ne peut vivre impunément aussi longtemps dans ces tristes palais dits « de justice » sans éprouver un jour le désir impérieux d'en sourire, de dessiner à la fois quelques caricatures qui sont autant de dénonciations des impostures quotidiennes et de raconter les instants tragi-comiques qui soudain, par inadvertance, viennent surprendre le juge et l'avocat.

Ce livre constitue pour les gens de justice, son auteur en tout cas, un travail d'autodérision salutaire.

Dans ces petites histoires, tout est vrai... enfin presque. Il a bien fallu travestir et les lieux, et les dates, et repeindre les personnages.

Il était naturellement impératif de ne pas rendre les portraits trop ressemblants, et il a fallu prendre, pour les composer, les traits de plusieurs acteurs de la vie judiciaire existants.

Il est vrai que, pour ce faire, j'ai dû parfois forcer le trait. Aucun vieil avocat n'est aussi cynique, ni aucun juge aussi méchant. Aucun jeune avocat n'est aussi naïf, aucun juré aussi vicieux, aucun président aussi maladroit, aucun... enfin, presque...

Mais si les faits et les personnes ont dû être modifiés afin qu'aucune ressemblance ne soit autre que « purement fortuite », en revanche, les chutes, les anecdotes, les instants drôles et risibles, les situations burlesques, tout cela est bien réel et les histoires à cet égard rigoureusement authentiques.

Dans ces grands hôpitaux des âmes, dans ces carrefours de toutes les souffrances où se côtoient des tragédies abominables et des querelles de voisinage (les secondes suscitant parfois les premières), interviennent, par instants, quelques moments comiques qui sont à la fois drôles et tristes, comme la vie.

Introduction

Ma vie professionnelle, et – compte tenu de l'importance prédominante prise par celle-ci dans mon existence – ma vie tout court, aura été marquée par un mot : la Justice.

Une obsession, une exigence, un besoin : que justice soit rendue, que vérité soit faite, que réparation soit accordée... cela se scande comme une prière, cela peut sembler ridicule et outré, mais je l'assume.

Je les ai tous connus, les vieux palais aux couloirs sombres ou les cités judiciaires métalliques, dans lesquels j'errais seule à minuit en traînant ma serviette lorsque l'audience s'était prolongée... Mal éclairés, les vieux murs et les couloirs laqués m'auront vue passer à toute heure, avocate débutante ou magistrat vieillissante, j'étais chez moi.

J'ai même veillé sous la pluie tropicale dans le « hangar à bananes » qui tient lieu de cour d'appel à Fort-de-France dont je ne trouvais pas la clé pour sortir en attendant que le secrétaire général vienne me délivrer !

Défendre, accuser, juger : j'ai successivement vécu ces trois fonctions de justice, au cours desquelles les anecdotes ici rassemblées me sont personnellement arrivées ou, parfois, m'ont été relatées.

Avocat

En décembre 1966, je me suis avancée, avec quelque cent vingt jeunes confrères, dans la salle d'audience de la première chambre de la cour d'appel de Paris pour ma prestation de serment.

Ma robe était presque neuve. Je l'avais achetée d'occasion à Nancy, à... Monique Lang, car « Jack » (avec lequel, ainsi qu'une dizaine d'étudiants bénévoles, j'avais participé à la mise en place du festival mondial de théâtre universitaire) n'en avait plus l'usage. Il n'avait pas poursuivi de carrière d'avocat. Un ourlet avait suffi.

Le bâtonnier Albert Brunois présentait les jeunes stagiaires au premier président de la cour d'appel de Paris.

Ma famille était venue de l'est de la France, et j'éprouvais une crainte révérencieuse envers tout ce que je découvrais. Ma candeur était totale. Mon enthousiasme tempéré d'inquiétude lorsque je constatais que la plupart des jeunes gens qui m'entouraient se connaissaient et semblaient tellement plus à l'aise que moi dans ce vieux palais où j'allais passer une grande partie de mon existence.

Très vite, un événement vint éclairer ma nouvelle vie professionnelle : mon premier discours devant les secrétaires de la conférence. Le sujet m'est toujours en mémoire : « Un devin qui prévoit la défaite de l'armée de son pays peut-il être poursuivi pour atteinte au moral des troupes ? » Je devais défendre la « négative », les orateurs n'ayant pas le choix. Il me fallait donc démontrer pourquoi l'on ne pouvait pas poursuivre le devin. Il ne s'agissait pas d'exposer sérieusement et juridiquement une thèse ou une autre, mais simplement de proposer en moins de dix minutes et avec élégance un argumentaire amusant. Grâce au devin, j'ai passé le premier tour de la conférence du stage, puis le deuxième, le tour dit « d'improvisation », mais je n'ai pas été élue et j'ai dû recommencer.

J'ai été nommée septième secrétaire. Être nommé secrétaire de la conférence donne la possibilité à un avocat débutant d'être désigné par le bâtonnier pour assurer la défense de personnes poursuivies dans des affaires criminelles qui n'ont pas les moyens de choisir leur avocat.

J'ai vécu durant quatorze années et trois mois l'existence classique d'un avocat à cette époque : le stage (au cours duquel le membre du conseil de l'ordre chargé de nous enseigner la déontologie nous raconta l'anecdote intitulée « 5 000 francs pour le juge »). Puis les premières commissions d'office, avec les épisodes « Le décoré », puis « La Maserati » et « L'escroc » qui correspondent également à ces années-là.

J'ai ensuite connu mon premier cabinet artisanal, où je me suis trouvée confrontée à l'épisode intitulé « Les chaussures de Charlot ». Ensuite je me suis installée en cabinet groupé. Là se situe l'histoire intitulée « La morale ».

J'ai quitté le barreau en février 1981 pour devenir magistrat, substitut du procureur de la République dans une juridiction de province. J'ai assisté, depuis le banc du ministère public, à l'épisode correspondant aux récits intitulés « N'est-ce pas, Maître ? » et « Le grand défenseur ». C'est à cette époque que me fut racontée par un président d'assises l'histoire de « La dernière plaidoirie ».

Du barreau, je retiens avant tout ce que Jean-Denis Bredin nomme « le haut lieu de la parole » et « une survivance exquise » lorsqu'il évoque la « conférence du stage ».

Déjà, lorsque je me suis présentée à ce concours, beaucoup ironisaient sur la totale inutilité de cet exercice du passé, de ce jeu de pure éloquence. Cependant les anciens secrétaires de la conférence que j'ai entendus ensuite dans les salles d'audience étaient des hommes et des femmes talentueux et combatifs, et s'ils avaient d'abord cultivé le plaisir des mots, ils savaient parfaitement défendre leurs dossiers, leurs thèses, et surtout les hommes qui leur confiaient une part de leur destin, en se montrant à la fois élégants dans la forme (ce qui devient hélas exceptionnel, pas seulement à la barre) et tout simplement convaincants.

De ces années-là, je retiens encore la difficulté qui consiste à défendre quelqu'un qui n'a pas de mots tout en respectant sa

parole. Cet exercice impossible consistant à se mettre à sa place tout en gardant la distance nécessaire pour demeurer sincère et crédible, cette si difficile compatibilité entre l'empathie et la lucidité, entre l'amour des hommes et la recherche de la justice...
C'est aussi le difficile rapport à l'argent, la veuve et l'orphelin étant aussi « les clients » de l'avocat.
C'est enfin cette rage impuissante qui saisit parfois l'avocat lorsqu'il sait que sa cause est juste et constate que le juge ne prend pas le temps de l'entendre, qu'il se trompe sur le texte applicable ou la dernière jurisprudence, et qu'il ne comprend pas la réalité du litige, par légèreté ou impéritie. Cette colère muette et douloureuse qu'il éprouve lorsqu'il sait que c'est lui, l'avocat, qui va devoir annoncer un résultat à la fois injuste et catastrophique à celui ou celle qui lui avait fait confiance et qui lui donne envie d'écarter le juge et de rédiger à sa place.
C'est sans doute tout cela qui m'a fait fuir, en définitive, fuir, mais aussi choisir, avec un nouvel enthousiasme, un autre métier de justice.

Substitut

J'ai donc décidé, au milieu de l'année 1980, de quitter le barreau pour la magistrature. J'ai été maintes fois interrogée sur mes motivations. Elles étaient doubles : quitter une profession que j'avais prise pour un sacerdoce et qui me décevait. La « noble défense » devant les cours d'assises d'innocents poursuivis à tort ou de victimes à réhabiliter n'occupait plus qu'une infime partie de mon temps, et ma clientèle m'entraînait davantage vers le conseil des prud'hommes, le tribunal de grande instance et le juge aux affaires matrimoniales.
La relation d'argent avec mes clients me permettait de rentabiliser un cabinet d'importance moyenne, mais je ne parvenais tou-

jours pas, je l'ai déjà écrit, à me sentir à l'aise quant à la demande d'honoraires.

Enfin, les conditions d'exercice de la profession d'avocat, avec une infinie perte de temps d'un tribunal à un autre, me semblaient de moins en moins acceptables.

Mais la raison dominante du choix de cette orientation nouvelle était d'abord positive : j'allais enfin quitter le rôle du solliciteur, qui cherche à convaincre le juge, pour décider moi-même, tout simplement.

J'avais opté pour le parquet, placé en tout cas au premier rang de mes desiderata. Le procureur, en effet, lorsqu'il décide de classer ou de poursuivre, de saisir un juge d'instruction ou les juges des comparutions immédiates, ou tout simplement de prolonger une garde à vue ou d'ordonner la liberté d'un suspect, exerce déjà dans les faits et à ce stade, sans le contrôle du juge du siège, un écrasant pouvoir. Une loi nouvelle en cours d'examen modifiera peut-être, si elle est présentée et votée, cet état de fait.

J'ai demandé à être intégrée au parquet pour échapper également à la solitude de l'avocat, car je savais que le véritable travail en équipe existe chez les procureurs et leurs substituts.

Ce choix constituait enfin pour moi l'occasion de reprendre une activité de pénaliste, mon domaine de prédilection, et d'avoir à nouveau, notamment par la parole, l'occasion de « convaincre », mais avec infiniment plus de temps et de moyens. Il n'y avait pas dans mon esprit de contradiction fondamentale avec mon rôle initial de défenseur, dans la mesure où, pour moi, le procureur est avant tout un magistrat objectif qui n'est absolument pas un Fouquier-Tinville au petit pied, mais un homme de droit et de justice qui s'impose l'objectivité et l'honnêteté dans sa conduite de l'action publique et dans ses actes de poursuite, en particulier ses réquisitoires écrits ou oraux.

C'est dans ces conditions que j'ai prêté serment en février 1981 devant les magistrats de la cour d'appel de Rouen, puis que

j'ai été installée comme substitut du procureur du tribunal de grande instance de la même ville.
Certains de mes nouveaux collègues ne m'ont pas caché leurs réticences et leurs préventions : ils considéraient qu'un avocat ne choisit de devenir magistrat qu'en raison d'un échec professionnel antérieur, témoignant de son incompétence probable, et que sa motivation est à la fois purement financière et révélatrice d'une paresse annoncée. Il devient « fonctionnaire » et s'imagine qu'il va travailler simplement quelques heures par jour pour justifier d'un traitement assez confortable. Je me sentais à mille lieues de ce profil caricatural, et je pense honnêtement être parvenue, comme beaucoup de mes anciens confrères devenus magistrats et nommés les « intégrés », à modifier quelque peu ce regard négatif d'emblée porté sur nous.
La première petite aventure m'est arrivée alors que je venais d'être installée au parquet de Rouen. Il s'agit bien sûr de l'anecdote « Le bizutage ». C'était au printemps de l'année 1981.
Toutes les autres anecdotes correspondent soit à un récit qui m'a été directement transmis par son héros involontaire comme « Le réveil en sursaut », soit à des expériences personnelles comme « L'accident » (il pleuvait à verse ce jour-là, je m'en souviens encore) ; « L'arbre à épices » a été effectivement placé dans le hall d'entrée d'un palais de justice proche de Paris ; « Le débat télévisé » comme « Le regard », « Le contrat » et « Si la photo est bonne » constituent des expériences également vécues par moi il y a quelques années.
Quant à l'épisode intitulé « Le père Noël », il fut inspiré par une réflexion que j'ai réellement entendue alors que j'étais avocat général, mais le personnage du président me fut inspiré en réalité par plusieurs magistrats. Ce flou relatif est délibéré, car personne ne doit pouvoir se reconnaître. D'ailleurs, qui en serait capable ?
J'ai travesti parfois les lieux et parfois les moments, et j'ai modifié systématiquement les descriptions physiques.

Ce qui demeure de ces petits récits tragi-comiques, c'est ma volonté de rendre justice aux substituts harassés et désarmés qui doivent faire face à toute heure du jour et de la nuit à l'« événement » en s'efforçant de prendre la décision juste et surtout opportune, alors que, dans un parquet idéal, seule la *juste* décision importerait.

De cette époque, qui pour moi s'est étendue durant plus de dix-huit années, je garde le souvenir des audiences, toutes les audiences, discrètes ou solennelles, au cours desquelles j'ai requis devant des juges seuls ou de grandes cours d'assises, avec toujours présent le désir ardent, comme au barreau, de tenter de convaincre de la justesse de la cause que je défendais.

Mais l'essentiel n'est pas là : dans mes fonctions de « parquetier », magistrat du parquet, membre du ministère public, tout cela étant synonyme, j'ai découvert le traitement indigne alors appliqué aux victimes d'infractions pénales.

En 1981, avant l'arrivée de Robert Badinter au ministère de la Justice, l'accueil et l'accompagnement des victimes étaient en effet pratiquement inexistants dans nos juridictions.

L'amélioration de la place des victimes dans le procès pénal est effective, mais encore incomplète. Je dois à l'honnêteté de dire – et c'est paradoxal – que le renversement est parfois excessif aujourd'hui : sous couvert de l'attention à porter aux victimes, il arrive que l'on ne nous demande plus de juger un homme en analysant sereinement les faits qui lui sont reprochés et en appliquant, s'il est déclaré coupable, une sanction adaptée à sa personnalité, mais que l'on exige de la justice qu'elle tente de gérer, sous le feu des media, l'émotion individuelle ou collective de victimes qui hurlent parfois leur indignation devant les portes capitonnées des salles d'audience, et dont certaines voudraient aujourd'hui obtenir le droit de faire appel de la peine prononcée contre le coupable si celle-ci ne leur convient pas.

Cette régression vers une justice pénale qui se soumettrait à l'émotion plus qu'à la raison et devrait se contenter, pour complaire, de canaliser la vengeance privée ne peut être soutenue par ceux-là même, dont je suis, qui ont œuvré avec constance pour humaniser la situation des victimes face à une institution glaciale et indifférente.

Les victimes... j'en ai tant vu errer dans les couloirs, attendre interminablement dans les salles d'audience, découvrir que leur affaire était renvoyée après des heures d'écoute passive sans que personne les ait informées, encore moins consultées...

Je me souviens d'un incident parfaitement révélateur de l'état d'esprit qui régnait encore dans les années 1990. J'étais alors l'un des cinq substituts en charge des comparutions immédiates à la huitième section du parquet de Paris. Avec l'aide d'un greffier, j'avais mis au point un service d'information des victimes. Dès que la décision était prise par le parquet de faire passer un suspect en comparution immédiate, la victime était avisée par téléphone directement par le greffier, qui lui transmettait un message de ce style : « Je viens vous aviser que la personne qui vous a agressée hier comparaîtra ce jour à partir de 13 heures à la 23e chambre à Paris, et que, si vous le souhaitez, votre témoignage pourra être entendu par les juges et que vous pourrez ensuite vous constituer partie civile, c'est-à-dire demander des dommages et intérêts à l'auteur présumé des faits. » Et le greffier, qui était un ange de dévouement, de patience et d'humanité, expliquait tout, jusqu'au métro qu'il fallait prendre. Le bâtonnier de l'ordre, à Paris, avait parallèlement accepté de faire désigner en urgence un avocat pour les victimes... et cela marchait. Parfois, la victime répondait au greffier que ses astreintes professionnelles ou ses charges de famille ne lui permettraient pas d'arriver avant 16 heures ou 17 heures, et nous lui donnions l'assurance que le tribunal ne ferait passer leur dossier qu'en fin d'audience.

Dans un tel cas, je rédigeais immédiatement un « soit transmis », c'est-à-dire une petite note manuscrite que j'agrafais au-dessus

du dossier, informant le président de ma demande motivée de n'évoquer l'affaire qu'à la fin de l'audience. Malheureusement tous ne partageaient pas ma préoccupation, et un jour une main anonyme qui pouvait être celle du président agacé, de mon collègue d'audience pressé, ou d'un greffier indifférent, arracha mon « soit transmis »... Et les victimes, qui avaient traversé tout Paris à ma demande et en grande hâte, arrivèrent après la bataille ! Ma colère ne servit rigoureusement à rien puisque tout le tribunal nia avoir jamais vu le « soit transmis » fantôme dont l'agrafe était pourtant bien visible, encore accrochée à la couverture du dossier.
Avant de quitter le parquet, j'ai également agi avec ténacité durant plus de quinze années pour tenter, avec acharnement, malgré les résistances qui venaient autant de certains policiers que de quelques collègues, de modifier le traitement apporté quotidiennement aux « violences conjugales » alors souvent nommées « simple différend familial ». Et si je dois, me retournant sur mon passé d'accusateur, ressentir quelque sentiment de n'avoir pas été inutile, ce sera de ce fait.

Juge

Je suis devenue présidente de la dixième chambre correctionnelle du tribunal de grande instance de Paris en 1999. Ce passage immédiat du parquet au siège dans la même juridiction ne serait plus envisageable aujourd'hui : il est désormais impossible, en effet, de passer immédiatement des fonctions de substitut requérant devant une chambre correctionnelle à celles de président de correctionnelle dans le même tribunal quelques semaines plus tard.
Je maintiens cependant que rien ne devrait l'interdire, dans la mesure où je persiste à considérer qu'un membre du parquet est

avant tout un magistrat, c'est-à-dire un homme ou une femme véritablement indépendant, qui doit analyser en conscience et avec rigueur, dans chaque dossier qui lui est soumis, les éléments à décharge autant que les éléments à charge.
Même dans les dossiers difficiles qu'il m'a été donné de suivre, j'affirme, car c'est vrai, que je n'ai jamais eu à obtempérer à des instructions que je trouvais contraires à ce que je considérais comme juste. Je sais parfaitement que peu de lecteurs me croiront sur parole ; les autres penseront que j'ai bénéficié de rencontres avec une hiérarchie exceptionnelle ou (hypothèse beaucoup moins sympathique) que j'étais tellement fiable et coulée « dans le moule » qu'il était inutile de me suggérer la solution opportune à laquelle j'adhérerais toute seule...
Et pourtant je persisterai toujours à affirmer que les magistrats du ministère public que j'ai côtoyés durant toutes ces années étaient avant tout de loyaux serviteurs de la loi, qu'ils appliquaient avec la rigueur qui s'impose à un magistrat.
Lorsque je suis « passée au siège », à nouveau, j'ai eu de la chance. Cette dixième chambre, en effet, était saisie de contentieux très variés, et de gravité totalement inégale : depuis les conduites en état d'ivresse jusqu'aux associations de malfaiteurs à visée terroriste, depuis les harcèlements téléphoniques jusqu'au proxénétisme et au trafic de stupéfiants transfrontières. Les commissions rogatoires internationales émises par les juridictions étrangères m'ont même donné l'opportunité d'interroger Carlos aux côtés de mes collègues allemands.
J'ai ainsi pu connaître des dossiers et des hommes totalement différents et rencontrer d'excellents avocats, et parfois aussi de médiocres défenseurs.
C'est à cette époque, en 2003, que Raymond Depardon a tourné durant trois mois dans ma salle d'audience le film *Dixième chambre, instants d'audience*, qui, malheureusement – et cela constitue son défaut majeur – ne rend pas totalement justice

aux avocats, dans la mesure où les plus habiles ont refusé d'être filmés ou n'ont pas été sélectionnés par le cinéaste.
Mon passage à la chambre de l'instruction, surchargée, m'a déçue, et je l'ai évoqué dans « La dernière plaidoirie ».
Quelques années plus tard, ma nomination en qualité de président de la cour d'assises m'a donné davantage encore, l'immense privilège d'appréhender certaines des affaires criminelles portées aux rôles des cours d'assises de Paris, Créteil, Bobigny et Melun.
Durant toutes ces années au cours desquelles j'ai présidé ces juridictions correctionnelles ou criminelles, j'ai personnellement vécu « La protection terroriste » ou été le confident direct des épisodes comme « La banane », « La comédienne », « Le psychiatre » et « L'arbre de Noël ». Ce qui me passionna le plus fut, lorsque je présidais la cour d'assises, le délibéré, les échanges avec les jurés, la pédagogie et la réflexion commune.
J'ose dire aujourd'hui que j'ai exercé avec passion toutes les fonctions auxquelles je me suis trouvée confrontée, en faisant ainsi le tour complet de la salle d'audience.
Les anecdotes ici rassemblées ne sont pas seulement amusantes et parfois tragi-comiques. Elles soulèvent des interrogations non résolues et toujours d'actualité. Le système du jury populaire, les relations pécuniaires entre l'avocat pénaliste et ses clients, la recherche d'une vérité judiciaire et la loyauté des débats, la place des femmes dans la magistrature, constituent quelques-unes des questions ainsi posées, dont je ne peux que suggérer quelques réponses possibles et rarement pleinement satisfaisantes.

Chapitre 1

L'avocat et l'argent

La rémunération des avocats est toujours aujourd'hui désignée sous le terme « honoraires ».

M. Claude Joseph de Ferrière, « doyen des docteurs-régens de la Faculté des droits de Paris et ancien avocat en Parlement », écrivait, en 1762 : « En fait de récompense, honoraire signifie celle que l'honneur de leur profession ne permet pas de recevoir en salaires ; comme font les avocats et les médecins, *ainsi le mot d'honoraires que l'on donne à la récompense de leur travail, signifie qu'il est honnête de la recevoir, mais qu'il est honteux de la demander,* [...] ce serait déshonorer une si noble profession, que de lui donner, comme on fait à la journée d'un mercenaire, un salaire fixe et une récompense certaine et réglée.

[...] Anciennement on tenait parmi nous que les avocats pouvaient se pourvoir en justice contre le refus injuste que leurs clients font quelquefois de leur donner leur honoraire... Aujourd'hui, l'honneur attaché à la profession d'avocat retient la plupart dans le silence, et on n'en voit point faire aucune demande de leurs honoraires. »

Le Petit Robert, dernière édition, est plus laconique : « Rétribution accordée en échange de leurs services aux personnes exerçant une profession libérale ; voir appointements, émoluments, "les honoraires d'un médecin, d'un avocat". »

Au XVIIIe siècle comme aujourd'hui, en tout cas, le terme « honoraire » est immédiatement associé à la profession de médecin... *et d'avocat*. Le mot « provision », en revanche, est moins ancien et d'usage courant aujourd'hui. Il signifie « avance sur honoraires ». Non « provisionné », en effet, un avocat risque de ne jamais « être honoré ».

Avocat, j'avais dû me tromper de siècle, trouvant certes légitime de recevoir des honoraires... mais honteux de les demander. Cette difficulté, je ne l'éprouvais que dans mes relations avec les personnes venues individuellement me demander des conseils et de l'aide : on dit bien « assister » son client. Dans ma « clientèle » (impossible pour moi de ne pas mettre ce mot entre guillemets, c'est révélateur), les entreprises, les personnes morales, ne me posaient en revanche aucun problème. Mais les prévenus démunis, les femmes battues ou abandonnées, les jeunes violées isolées, comment leur dire tranquillement : « Sans argent, pas de Suisse » ?
Quatre anecdotes racontent ce malaise. La malhonnêteté caractérisée d'abord : celle d'un ancien confrère tombé hélas totalement dans l'ornière : « 5 000 francs pour le juge » ; la gêne que personnellement j'éprouvai ensuite : « Les chaussures de Charlot » et « La Petite Roquette » ; enfin la difficile fixation des honoraires : « Les autres m'ont dit ».
Aujourd'hui, tout a radicalement changé, et le rapport d'argent entre l'avocat et le client est clarifié. La convention d'honoraires permet en effet de fixer clairement les règles et ce à quoi le client doit s'attendre. Les prescriptions déontologiques et la jurisprudence ont bien déterminé les critères de fixation des émoluments de l'avocat, qui sont fonction de plusieurs éléments comme le temps passé, la qualité et la notoriété du conseil, enfin la proportion de rémunération liée à la participation aux résultats (autrefois dite « pacte de *quota litis* »), qui est désormais licite si elle n'est que partielle.
Il demeure que je n'aimais pas demander de l'argent à certains malheureux. Il demeure que lorsque je constate aujourd'hui que certains étrangers en situation irrégulière et en cours d'expulsion versent ou font verser par leurs familles des honoraires importants à certains avocats (je dis certains car beaucoup d'autres les défendent gratuitement), et ce, alors que leurs chances sont

minimes sinon nulles d'échapper au renvoi hors de France, je m'interroge...

Il demeure que lorsque certains accusés considérés comme « mafieux » et parties actives d'associations de malfaiteurs bénéficient du concours simultané de nombreux avocats, qui sont parfois des pénalistes réputés (je veux dire quatre ou cinq et parfois davantage), je m'interroge... Cela peut choquer : toute personne doit être assistée d'un défenseur, et rien n'autorise à s'immiscer dans le choix de certains de pouvoir être défendus par plusieurs avocats réputés.

Mais Monsieur le bâtonnier pensait déjà, en 1970, que j'aimais bien les interrogations spécieuses et les cas de conscience imaginaires. Pourquoi changerais-je ?

La Petite Roquette

Juste à côté de la Bastille, la Petite Roquette, une prison aujourd'hui disparue, était réservée aux femmes et gérée par des religieuses, et la jeune avocate y était venue rendre visite à une nouvelle cliente poursuivie pour proxénétisme. Celle-ci avait demandé la désignation d'un avocat d'office.

Paris était très sombre, gris, un vent glacé soufflait rue de la Roquette ; nous étions au milieu du mois de décembre.

La cliente, une quadragénaire à la poitrine opulente, était indignée : le chef d'inculpation la révoltait : « proxénétisme ».

« Moi, proxénète ? C'est un peu fort ! Depuis vingt ans, c'est moi qui donne presque tout ce que je gagne à mon ami, Il s'appelle Paul et il n'a jamais eu d'ennuis, et maintenant voilà que c'est moi qui suis proxénète !... Tout ça parce que je suis gentille.

Laissez-moi vous raconter, c'est simple, elle avait l'air d'un pauvre chat mouillé, et elle traînait depuis des heures dans le quartier ; elle attendait, elle attendait, elle était seule, perdue, et elle m'a vite raconté qu'elle s'était fâchée avec sa famille et qu'elle venait de la province. Je ne lui ai pas demandé son âge, mais je lui ai payé un sandwich. Elle ne savait pas où aller, elle n'avait pas d'argent. Je l'ai fait héberger une nuit par l'hôtelier voisin qui me connaissait bien, mais après, il fallait bien qu'elle se débrouille...

Je lui ai appris la seule chose que je savais faire, et lui ai cédé gentiment un bout de mon territoire plus quelques conseils pour ne pas se faire arnaquer ; c'est tout. Jamais je ne lui ai demandé un centime.

Mais voilà qu'à la première rafle les flics l'ont attrapée parce qu'elle était nouvelle. Elle leur a tout raconté. Il paraît que ce que j'ai fait, ça veut dire "aide et assistance" à la prostitution » et que si elle ne m'a pas donné d'argent, cela n'a aucune importance ; je ne comprends rien à la justice. »

La cliente était révoltée : « Je suis détenue depuis trois semaines, on approche des fêtes, Maître, je vais vous dire : si vous me faites sortir avant Noël, je turbine pendant cinq jours et je vous apporte le gros paquet. »
La jeune avocate était atterrée. Elle ne savait quoi dire. Elle balbutia simplement que, commise d'office, elle ne pouvait percevoir d'honoraires qu'avec l'accord écrit du bâtonnier de l'Ordre.
Sa première visite fut pour le juge d'instruction, qui se montra compréhensif. Il faisait précisément le point de ses dossiers avant les congés d'hiver et particulièrement ceux qui concernaient les inculpés détenus, et ne voyait pas de motifs pour prolonger dans ce cas précis, en l'absence de plainte de quiconque, et notamment de la jeune fille qui s'était volatilisée, une détention inutile. Il promit de signer dès le lendemain matin l'ordonnance de mise en liberté.
Sa seconde visite fut pour Monsieur le bâtonnier. Il n'était pas libre, mais lui fit savoir qu'étant secrétaire de la conférence du stage en exercice, elle pourrait le consulter le jeudi suivant au cours du déjeuner traditionnel chez Lapérouse où les secrétaires et lui-même se réunissaient chaque semaine avant l'épreuve du concours.
Il était près de 14 heures, et Monsieur le bâtonnier, comme à son habitude, tétait un gros cigare. Quand elle lui exposa son dilemme, il réprima difficilement un véritable éclat de rire.
« Proxénète, dites-vous, vous avez peur, en acceptant, et si je vous ai bien compris, de vous sentir quelque peu proxénète ? Et si vous défendez un auteur de vols à main armée qui ne travaille pas, vous serez receleur du produit de ses vols ? Et s'il vend de la drogue, vous vous croirez trafiquant vous aussi ? Vous voulez, si je vous entends bien, empêcher désormais toute défense pénale et rémunérée à la fois… »
Il s'amusait de plus en plus. Très paternel, il donna la conclusion de son analyse et sa préconisation sous les oreilles attentives de

ses jeunes confrères : « Ma jeune enfant, quand votre cliente va acheter son pain, le boulanger est-il proxénète ? Donc je vous autorise à percevoir des honoraires. »
Elle allait répondre que ledit boulanger n'était pas nécessairement informé des activités de ses clients, mais Monsieur le bâtonnier ne l'écoutait plus et n'entendait visiblement pas que quiconque lui gâchât encore le moment de son délicieux cigare.
Elle ne retourna pas à la Petite Roquette, car sa cliente avait été mise en liberté. Elle la revit juste le jour de l'audience. Celle-ci était visiblement embarrassée : « Maître, je sais que je vous avais promis quelque chose, mais il n'a pas voulu ; vous savez, Paul, mon ami, il m'a dit : "Un avocat d'office, tu ne lui dois rien..." Vous me défendrez bien quand même ? Je vous ai malgré tout apporté quelque chose, mais il ne le sait pas. » Elle sortit de son cabas une plante verte achetée au marché aux fleurs, juste en face du palais.
Le cas de conscience de l'avocate orne sans doute toujours la salle d'attente.

Les autres m'ont dit

Il n'avait presque rien ; hébergé chez des amis, sans travail déclaré (il faisait des « petits boulots » comme on ne disait pas encore), sans parents ni la moindre assistance (il n'y avait ni RMI ni RSA à l'époque), il n'avait pas un sou hormis un peu d'argent qu'il lui apportait dans une enveloppe. Il ne pouvait compter que sur lui. Mais il ne voulait pas d'un avocat d'office, il n'avait pas confiance.

« Les autres m'ont dit que vous étiez une bonne avocate. Je vous apporte ça et vous paierai le reste plus tard, je viens d'avoir ma provisoire et je vais travailler pour vous payer. »

Elle avait accepté de modérer ses honoraires. Ils étaient cinq poursuivis pour deux cambriolages. Elle avait assisté à toutes les confrontations chez le juge et préparé avec soin l'audience. Mais, la veille, elle avait reçu un coup de téléphone d'une avocate plus ancienne, pénaliste reconnue : « Monsieur X veut que je le défende demain à vos côtés. » Elle avait tout préparé et n'avait pas osé refuser, il était trop tard.

L'audience s'était bien déroulée, la nouvelle avocate était à peine intervenue (visiblement elle n'avait pas étudié le dossier), et la sanction prononcée s'était avérée très raisonnable, presque inespérée.

Il était venu rechercher ses documents et lui payer le reste de ses honoraires, visiblement embarrassé : « J'ai un problème avec l'autre avocate. Elle dit que, vu le très bon résultat, je dois lui donner encore plus, et elle refuse de me rendre des pièces que je lui ai confiées juste avant l'audience. Ce n'est pas normal, c'est vous qui avez tout fait, et elle me demande beaucoup trop, je ne pourrai jamais lui payer tout ça, et j'ai besoin immédiatement de mes documents. Que dois-je faire ? »

Elle lui conseilla d'écrire au bâtonnier. Puis elle osa l'interroger : « C'est un peu votre faute. Pourquoi avez-vous décidé de m'adjoindre, au tout dernier moment, cette autre avocate qui n'était pas vraiment utile ? »

Il n'hésita pas : « Les autres m'ont dit que, vu le peu que vous m'aviez demandé, vous ne deviez pas être bonne. »

5 000 francs pour le juge

Paris, année 1967. Le membre du conseil de l'Ordre réunissait les avocats stagiaires chaque mardi après les audiences. Il devait leur rappeler les principes essentiels de la déontologie d'un avocat.
L'année judiciaire touchait à sa fin, et les jeunes confrères du vieux maître venaient à contrecœur entendre un discours qui, disaient-ils, ne leur apprenait pas grand-chose. Leur attention, en cette fin d'après-midi, était manifestement volatile. Alors il décida de les distraire et il leur conta la véritable histoire de Me T.W.Z.
« À cette époque, le juge d'instruction décidait souverainement de la détention éventuelle d'un inculpé (on ne disait pas encore "mis en examen"), pendant tout le temps de l'instruction judiciaire. Il n'y avait ni débat contradictoire ni juge "des libertés", et c'était la liberté que l'on appelait "provisoire".
« Me T.W.Z. avait quelques clients détenus à la maison d'arrêt de la Santé, mais les temps étaient difficiles. Il estimait ses rentrées d'honoraires tout à fait insuffisantes. Un jeudi après-midi, il rendit visite au juge d'instruction qui était en charge du dossier de l'un de ses clients, un petit proxénète que l'on nommait alors des "julots casse-croûte". C'était un profiteur artisanal, qui vivait avec une jeune femme avenante et partageait en toute connaissance de cause ses petits bénéfices. Celle-ci avait été entendue et avait dit au juge que son homme ne la forçait pas, qu'il n'était jamais violent, et qu'elle avait toujours exercé librement son activité même avant de le rencontrer. Elle avait convaincu le juge, et, si la réalité de l'infraction n'était pas contestable, celui-ci ne voyait plus l'utilité de maintenir cet homme en détention. Il avertit donc l'avocat qu'il signerait lundi l'ordre de mise en liberté.
« Me T.W.Z. se rendit aussitôt à la maison d'arrêt de la santé pour y annoncer très vite l'excellente nouvelle, mais en passant au

volant de sa vieille Renault 4 L boulevard Raspail, devant une vitrine proche de la place Denfert-Rochereau, il aperçut une voiture qu'il convoitait mais qu'il trouvait trop chère. Alors il prit sa décision. Dans le parloir étroit, le petit proxénète venait d'apprendre par lui la bonne nouvelle et il était heureux, mais Me T.W.Z. tempéra son enthousiasme : "Le juge m'a dit lundi, mais il y a une condition, mes honoraires, et... ceux du juge. Il faut 5 000 francs pour le juge, absolument avant lundi." Le client n'était pas inquiet : "Il y a parloir demain, je vois ça avec mon amie, elle vous apportera tout dimanche."

« Le destin tient parfois à peu de chose. Me T.W.Z. fut invité le lendemain chez des amis loin de Paris. Il donna généreusement congé à sa secrétaire pour le week-end. Les téléphones portables n'existaient pas.

« Le juge était un homme plein de zèle. Une confrontation prévue le vendredi matin fut annulée du fait de la maladie soudaine d'un inculpé, et la greffière proposa au juge d'en profiter pour "prendre un peu d'avance". Le dossier du proxénète était posé sur le haut d'une pile. C'est dans ces conditions que, dès le vendredi soir, ce dernier se retrouva complètement ahuri à la porte de la maison d'arrêt de la Santé, sur le trottoir du boulevard Arago.

« Le téléphone de son avocat sonnait dans le vide... Toute la nuit, désemparé, il débattit avec sa compagne sur ce qu'il convenait de faire. Il était en effet terrorisé à la pensée que le juge s'était mépris, qu'il réaliserait plus tard qu'il n'avait pas été payé et pouvait le réincarcérer.

« Le samedi matin il était résolu. On trouva les 5 000 francs en quelques heures (les amis, les voisines, la famille...) et c'est soulagé et très fier que le client de Me T.W.Z. se présenta à 11 heures précises devant les grilles du palais de justice. Malgré l'absence de convocation, il insista avec tant de vigueur, affirmant que le juge l'attendait, que les gendarmes du palais le laissèrent monter jusqu'au cabinet de celui-ci.

« En ces temps, et aujourd'hui encore, certains jugent travaillent le samedi matin. Hélas pour Me T.W.Z., c'était le cas de ce juge d'instruction, sur le bureau duquel le proxénète vint solennellement déposer l'enveloppe en lui disant merci.

« La carrière de Me T.W.Z. fut prématurément interrompue. Sa radiation fut votée à l'unanimité par le conseil de l'Ordre, et... il garda sa vieille voiture. »

Les chaussures de Charlot

Il était intimidé et mal à l'aise. L'avocate le sentait et cherchait quelles paroles prononcer qui apaiseraient ce jeune homme embarrassé. « C'est pour un divorce, c'est le coiffeur qui m'a donné votre nom, et comme j'habite tout à côté... » Ainsi, elle avait bien fait de parler aux commerçants du quartier, il fallait qu'elle se constitue une clientèle.
Il commençait à se détendre un peu, et à raconter sa brève et lamentable vie conjugale : « Nous nous sommes mariés sur un coup de tête. Nous ne nous connaissions que depuis trois mois. On est sortis ensemble et ça se passait bien. Elle a rapidement décidé de venir vivre avec moi, car elle en avait assez des trajets jusqu'à Bourg-la-Reine où elle demeurait chez ses parents. Au début, tout allait très bien, et nous avons décidé de nous marier, surtout pour éviter les réflexions de sa mère rétrograde, qui n'appréciait pas que sa fille vive chez un ami, et parlait de "concubinage" avec réprobation. Quinze jours avant le mariage, nous nous sommes disputés pour la première fois, je ne sais plus pour quel motif. En colère, elle m'a dit qu'il fallait tout annuler, mais sa mère n'a pas voulu. "Les faire-part sont envoyés, tout est organisé, c'est trop tard." »
Il racontait et sa langue se déliait peu à peu. Ils s'étaient réconciliés, et le mariage avait été joyeux. Leurs amis étaient là, les deux familles semblaient s'entendre, tout allait bien. Ils avaient remis leur voyage de noces à plus tard car ils manquaient vraiment d'argent. Ils ne voulaient pas d'enfants tout de suite, le studio était trop petit et ils se sentaient si jeunes.
Ce sont leurs horaires qui avaient tout gâché. Elle n'avait que vingt ans et toutes ses soirées solitaires, tandis qu'il assurait dans le restaurant qui l'employait le service du dîner jusqu'à minuit, lui pesaient de plus en plus. Les premières semaines, elle l'avait attendu en silence. Mais un soir, elle avait accepté de rejoindre

une amie dans une discothèque. Elle le lui avait avoué, et il avait laissé faire. Elle rentrait de plus en plus tard. Elle aimait danser, lui pas, et à minuit, de toute façon, après son service, il était trop fatigué pour sortir. Les disputes avaient repris entre eux, sous le moindre prétexte. Ils ne faisaient plus que rarement l'amour. Une nuit, elle n'était pas rentrée du tout. Il n'avait pas été vraiment surpris. Elle avait certainement rencontré « quelqu'un ». L'explication entre eux avait été brève et plutôt froide ; sans tenter de mentir, elle avait reconnu l'existence d'un nouvel ami et le fait qu'elle s'en croyait amoureuse. Elle avait ajouté : « Je fais ce que je veux », et lui, déçu mais fataliste, avait haussé les épaules : « En ce cas, tu peux t'en aller. »

Il avait entendu parler d'une nouvelle loi sur le divorce, le « consentement mutuel ». On disait que c'était devenu très simple. Mais il fallait l'accord de son épouse. « Elle veut bien si je prends tout à ma charge, et si nous ne choisissons qu'un seul avocat. » Tout s'était accompli avec une grande facilité. Pas d'enfants, pas de biens, des revenus semblables, rarement un divorce avait été plus facile.

Mais un scrupule envahissait l'avocate : « Vous pouviez demander l'aide judiciaire, au moins partielle, votre salaire et celui de votre femme vous y donnent accès. » Il avait refusé catégoriquement. Il n'avait pas confiance. Il l'avait choisie, elle, et il tenait à la payer, on était mieux défendu que par un avocat gratuit, et puis c'était trop tard. Il ne voulait plus perdre de temps. Elle n'avait pas insisté. Mais il oubliait régulièrement de lui verser ses provisions sur honoraires.

L'avocate ne s'était jamais sentie à l'aise dans ses relations avec l'argent qu'elle devait demander à ses clients. « Ton problème, c'est que tu as "l'honoraire honteux" », lui disait sa meilleure amie. Elle se sentait toujours coupable en effet lorsqu'il lui fallait solliciter des « provisions », et se remémorait la plaisanterie d'un vieux bâtonnier fortuné qui aimait à dire à ses jeunes confrères :

« Les seules professions où l'on se fait rémunérer par avance sont celles d'avocat et de prostituée. » Et cela évoquait aussi pour elle la « parole à vendre » et la formule « menteurs à gages » qu'un célèbre avocat avait utilisée pour désigner l'ensemble de ses confrères.

De ce fait, elle négligeait trop souvent d'obtenir ces indispensables provisions avant de se présenter à l'audience, et elle s'était souvent retrouvée, l'instance terminée, sans recevoir, malgré ses demandes, les honoraires pourtant convenus. « Tu le mérites, c'est de ta faute, lui disaient ses amis, mets-toi à leur place, leur affaire est terminée, le procès est fini, la décision rendue, ils passent à autre chose, te régler ce qu'ils te doivent n'est plus prioritaire, et en plus, pour eux, tu n'as pas vraiment de besoins. » Les clients fortunés posaient moins de problèmes.

Et puis, elle l'aimait bien, son jeune cuisinier, mal vêtu (il semblait acheter ses vêtements défraîchis au marché aux Puces et c'était peut-être vrai) et mal aimé. Sa jeune femme déterminée avait semblé à l'avocate, lors de leurs rendez-vous, faire partie de la catégorie des êtres qu'elle nommait « les inaffectifs ». Son jeune client, en revanche, peu armé dans l'existence, manifestement vulnérable, lui semblait devoir être protégé autant que défendu. Et elle n'oubliait pas qu'il aurait pu, s'il l'avait voulu, obtenir l'aide judiciaire. Aussi n'avait-elle pas insisté lorsqu'il avait totalement oublié de lui verser ses « provisions sur honoraires ». Mais l'audience approchait, fixée au lendemain à 14 heures, et justement, inquiet, il lui téléphonait : « C'est bien à 14 heures, Maître, et ce sera bien la dernière audience ? »

Elle confirma, elle hésita... Lui revenaient en mémoire plusieurs déconvenues et à nouveau les conseils de ses amis : « Si tu plaides sans être provisionnée, c'est fini, tu ne seras jamais payée. » Elle pensait également à la très jolie paire de chaussures qu'elle avait essayée le matin même près du palais et hésitait à s'offrir car leur prix lui semblait déraisonnable.

Alors elle prit une inspiration et osa : « Monsieur, demain, c'est en effet la dernière audience, et votre divorce sera immédiatement prononcé. Mais, vous savez, je vous rappelle que vous me devez... » Il se taisait, puis la rassurait : « Maître, j'y ai pensé, je vous apporte tout demain à l'audience, tout ce que je vous dois, demain sans faute. » Elle décida de le croire.

Il l'attendait, en effet, dans le couloir des juges aux affaires matrimoniales. Il était debout, un peu embarrassé, et d'emblée il lui dit : « Je n'ai pas oublié, voilà. » Et il extirpa de sa poche une liasse. Pas un chèque comme elle le supposait, mais une poignée de billets de banque. Là, au milieu du couloir, et sous les yeux de tout le monde. Elle repensa au bâtonnier et aux prostituées. Elle et son client se tenaient tous les deux immobiles, accessibles à tous les regards, dans le corridor gris qui figurait une ruelle louche. « Oui, décidément, une prostituée, songeait-elle. Des billets, une liasse de billets, en public, juste avant l'audience. » Et ses joues s'empourprèrent.

Elle songea involontairement à la paire de chaussures de luxe qu'elle avait failli acheter la veille, rue de Seine, un peu trop chères, mais si jolies. « Je n'ai pas vraiment besoin de cet argent qu'il me remet ainsi, je possède tellement plus que lui. » De honte, elle baissa les yeux, pendant qu'il insistait pour glisser dans sa main la liasse de billets de banque.

Et c'est alors qu'elle remarqua ses chaussures... ses chaussures à lui : usées, grises et non plus noires, elles bâillaient. Les chaussures de Charlot...

Chapitre 2

De la difficulté d'être juré

« La cour d'assises est fille de la Révolution française. »
Henri Angevin

C'est en 1789 qu'il fut inscrit dans la Déclaration des droits de l'homme que la justice serait rendue désormais au nom du peuple français et par des représentants du peuple, ce qui existait déjà en Grande-Bretagne, et avait inspiré les philosophes du siècle des lumières. Le jury fut institué par la constitution du 3 septembre 1791.

Il fallait alors au minimum douze jurés pour « déclarer le fait », c'est-à-dire décider de l'éventuelle culpabilité d'un accusé. (C'étaient les juges qui déterminaient la peine.) L'instruction était publique et l'avocat ne pouvait être refusé à un accusé.

Qui choisit les jurés ? Depuis 1978... personne : c'est le tirage au sort sur les listes électorales qui seul peut faire d'un citoyen français un juré. J'ai toujours été surprise d'entendre parfois des amis me dire : « Je n'ai jamais été choisi comme juré, je doute qu'il y ait un vrai tirage au sort... » C'est très français cela : « On nous cache quelque chose, aucun sondage n'est authentique, d'ailleurs je n'ai jamais été sondé, et vous ? » Cette manie de supposer des tromperies partout... Les jurés sont pourtant bien tirés au sort sur les listes électorales.

Auparavant, avant la loi du 28 juillet 1978, des commissions d'élus présidées par des magistrats, ou des listes préparées par des autorités administratives ou judiciaires, présélectionnaient les jurés éventuels, ce qui en fait ne permettait qu'à des notables fortunés ou instruits d'occuper cette fonction singulière. Aujourd'hui, les seules limites légales sont imposées par le bon sens et la règle fondamentale de séparation des pouvoirs.

Le bon sens justifie l'existence des conditions suivantes, qui imposent à un juré d'être à la fois capable d'exercer ces fonctions, de bonne moralité et impartial. Il faut posséder la nationalité française (la justice est rendue au nom du peuple français), être âgé de plus de vingt-trois ans. (Certes la majorité légale est fixée à dix-huit ans, mais l'âge moyen de l'entrée véritable dans la vie active aujourd'hui, et surtout la maturité nécessaire à l'exercice d'une fonction aussi lourde de conséquences, justifient à mon sens le maintien de cette limite... On reproche suffisamment aux juges professionnels d'être souvent trop jeunes !) Il faut également savoir lire et écrire. Cette condition impose au président de remplacer, même en cours de débats ou de délibéré, un juré qui se révélerait analphabète.

Je crains d'avoir violé cette règle une fois. Je me souviens parfaitement en effet qu'au cours d'un délibéré, lors du vote sur la question de culpabilité, un juré avait écrit un « o » au lieu d'un « oui ». J'avais quelques soupçons, mais ce pouvait être aussi bien, de la part du juré auquel je pensais, hâte excessive, étourderie que réelle impossibilité. Il y avait, ce jour-là, onze « oui » sur les douze votes, et la majorité requise pour déclarer une culpabilité en cour d'assises de première instance est de huit voix au moins. Ce « o » au lieu du « oui » n'emportait donc aucune conséquence. J'ai eu peur d'humilier inutilement un homme en posant publiquement la question relative au bulletin de vote mal rédigé. Je n'ai rien dit. Heureusement pour moi, le juré en question savait écrire les chiffres, et le délibéré relatif à la peine fut poursuivi sans difficultés.

Pour être juré, il faut également ne pas avoir été condamné pour un crime ou un délit à une peine minimale de six mois de prison avec ou sans sursis. Il faut également ne pas être en détention provisoire ou accusé d'un crime, ou encore avoir été condamné disciplinairement (comme un fonctionnaire révoqué, ou un médecin ou un avocat radié) à une interdiction d'exercer totale ; ne pas être interné d'office ou sous tutelle ou curatelle (le récit concernant « Le psychiatre et le juré » s'inscrit très précisément dans ce contexte…) ; ne pas être parent ou allié de l'accusé ou de son avocat ; enfin, ne pas avoir participé à quelque titre que ce soit à la procédure.

Les conditions suivantes tiennent à la règle de la séparation des pouvoirs, principe fondamental d'une société démocratique, hélas de plus en plus méconnu même en France, pourtant patrie de Montesquieu, en ce siècle de démagogie et d'inculture triomphantes… C'est en vertu de ce principe qu'aucun membre du gouvernement ou du Parlement ne peut être juré ; aucun magistrat (même consulaire comme un conseiller des prud'hommes) ne le peut davantage. Ni un militaire, ni un fonctionnaire de police ou dépendant de l'administration pénitentiaire…

Quelle est la place des juges professionnels au sein de la cour d'assises ? Initialement, les jurés ne décidaient que de la culpabilité d'un accusé, et il appartenait aux magistrats professionnels de déterminer la peine éventuelle. C'est un système actuellement en vigueur dans les pays de tradition anglo-saxonne. Pratiquement, cela entraînait des acquittements surprenants et même, juridiquement, aberrants, décidés par des jurés soucieux avant tout de ne pas voir un accusé auquel ils reconnaissaient de grandes circonstances atténuantes se trouver ensuite, et sans qu'ils aient leur mot à dire, condamné à de trop lourdes peines.

Peu à peu, les jurés furent amenés à se prononcer également sur la sanction, mais les délibérations des juges et des jurés étaient distinctes. Depuis 1945 seulement, les trois magistrats professionnels et les neuf jurés (en première instance, douze en appel) délibèrent « en commun », c'est-à-dire ensemble.

Cette réunion est critiquée pas quelques avocats qui s'interrogent sur la trop grande influence que peuvent exercer les juges, et

particulièrement le président au cours du délibéré, sur des juges non professionnels intimidés ou ignorants. Affirmer le contraire ne serait pas honnête, et je confesse volontiers avoir incontestablement influé sur certaines décisions. Je dis « influé sur » et non manipulé. La distinction est essentielle, et je me crois en mesure d'assumer et de justifier clairement cette influence nécessaire du président et des assesseurs tout en contestant fermement toute manipulation de leur part.
Il s'agit pour les juges, simplement, d'expliquer le droit et d'éviter les erreurs ou les pièges parfois tendus par la défense ou par l'accusation. Il faut essentiellement faire montre de pédagogie, en donnant des exemples de jurisprudence, et les jurés les comprennent beaucoup mieux et beaucoup plus vite que certains ne le supposent. Comment appréhender clairement, par exemple, la différence entre la notion de « coauteur » et celle de « complice », la circonstance de « réunion », la notion de « tentative », ou la définition exacte du viol distincte de l'« agression sexuelle », la réalité du « vol avec arme », et ce qui peut être tenu précisément pour une arme, ou encore les conditions légales de la « légitime défense », lorsque l'on ne dispose pas de la moindre formation juridique ? Comment clarifier la notion de « contrainte, violence, menace ou surprise » lorsqu'un viol est discuté ?
Un délibéré, c'est épuisant. Mais la question qui pourrait être posée par les anecdotes relatées ici est tout autre et fondamentale. Un juré qui soudain place son intérêt personnel en avant (« Le juré trop parfait »), ou refuse la loi de la majorité (« L'avoinée »), ou soudain s'assimile totalement à l'accusé (« Le juré récusé »), ou encore semble manifester quelques obsessions sexuelles (« La banane »), tous ces exemples ne démontrent-ils pas que le système est en lui-même entièrement à remettre en cause ?
Et puis ne s'agit-il pas d'une « justice de luxe » qui prend trop de temps, et qui coûte trop d'argent ? Il est précisément question

aujourd'hui d'un projet de loi qui tendrait à renoncer à recourir aux jurés sauf dans les crimes les plus graves ou dans les affaires criminelles en cause d'appel. On irait plus vite, on légiférerait enfin sur la « correctionnalisation » qui consiste déjà en pratique et à bas bruit à qualifier de délit un véritable crime, et la justice serait enfin « égale pour tous ».

Fadaises ! La justice rendue par des hommes, qu'ils soient juges ou simples citoyens, ne sera jamais « égale pour tous » car chaque fait criminel et chaque accusé criminel sont éminemment singuliers. Chaque homme en charge de juger également. Ou bien ayons le courage de faire tout juger par des ordinateurs.

Quant au « temps perdu » et à la justice encombrée, il y a dans cet argument de quoi pleurer sur notre siècle ! Nous vivons tous déjà, devant les juridictions correctionnelles, cet abattage honteux, ce rythme démentiel. J'ai reçu, à la dixième chambre lorsque je la présidais, beaucoup de collègues étrangers que m'envoyait l'École nationale de la magistrature. Ils étaient atterrés du nombre de dossiers que je devais juger, avec mes deux assesseurs, en une seule après-midi.

Loin de dire que nous avons, au moins, devant la cour d'assises encore, une justice qui prend le temps de la sérénité et de l'examen minutieux des preuves et des arguments, nous voulons tout réduire et « aligner » désormais l'examen des faits plus graves aux jugements expéditifs et à la chaîne que déjà nous déplorons pour les délits au quotidien… Quelle tristesse ! Sur la suppression des jurés d'assises, ma réponse est donc non, résolument non.

D'abord, ces petites histoires ne sont en rien révélatrices, Dieu merci, d'une réalité globale. L'écrasante majorité des expériences de présidents de cour d'assises quant à la coopération des jurés populaires est positive. Il s'agit juste ici de quelques anecdotes. Et il arrive aussi, hélas, que certains magistrats se montrent, un jour ou l'autre, tout aussi contestables qu'un juré désigné par le sort quant à la partialité et à l'absence de distance par rapport au cas précis qui leur est soumis. Ensuite et surtout, ce système est le seul qui puisse véritablement réconcilier les Français avec leur justice.

J'en ai beaucoup connu, de ces jurés de quelques jours... La plupart, au départ, rêvaient d'échapper à cette corvée citoyenne. Ils tentaient souvent, lors de la toute première audience durant laquelle sont vérifiés tous les renseignements d'identité, d'adresse et de profession les concernant, nommée « audience de révision de la liste des jurés », de se faire dispenser sous tel ou tel prétexte. Quand l'excuse présentée par eux n'avait pas été retenue par la cour, bon gré, mal gré, ils s'acquittaient de leur devoir. Quinze jours plus tard, ils n'étaient plus les mêmes...

Durant une session fixée généralement pour une durée de deux semaines, vigilants, passionnés, consciencieux, attentifs, ils découvraient non seulement le drame qui avait suscité un fait criminel, mais aussi, mais surtout, la machine judiciaire et son fonctionnement. Ils entendaient lors des débats les représentants de la police judiciaire décrire l'enquête, ils écoutaient les experts, ils apprenaient la difficile recherche d'une vérité rarement évidente, ils mesuraient la souffrance des victimes mais aussi celle des accusés, ils appréhendaient peu à peu la complexité des faits, la multiplicité des investigations, et surtout la souffrance (et parfois le cynisme) des hommes meurtris ou indignés qui s'exprimaient devant eux.

Cette responsabilité leur semblait lourde, et ils me le disaient, mais ils ne parlaient plus de se faire excuser. Il n'était pas rare au contraire que certains d'entre eux, ayant bénéficié à leur demande et pour un motif retenu comme légitime d'une dispense partielle pour la deuxième semaine de la session, reviennent (après avoir été tirés au sort une ou deux fois lors de la première semaine) me demander si, finalement, ils ne pourraient être réintégrés dans la « liste de session », ce qui était malheureusement totalement impossible.

Quand nous nous sommes quittés le dernier soir, pratiquement tous les jurés m'ont tenu le même discours. « Nous avons découvert un monde, un univers, un domaine pour nous inconnu ou presque... la justice. Et nous tenons à vous dire que, tous, vous êtes vraiment mieux que nous ne le pensions. Le juge d'instruction, l'avocat général, les avocats, et vous, les juges, tous, ce que vous faites est beaucoup plus difficile et sérieux que nous n'imaginions ! » N'est-ce pas une raison suffisante ?

Un juré trop parfait

C'était le juré introuvable. La présidente pensait qu'elle avait de la chance. Il était simplement demandé à ses concitoyens, magistrats d'occasion, d'être inscrits sur les listes électorales, de n'avoir pas été condamnés à de l'emprisonnement (six mois) et d'avoir plus de vingt-trois ans.

Ils étaient parfois « bac plus cinq » mais parfois aussi, comme avait cruellement écrit un journaliste à propos d'un « people » qu'il n'aimait pas, « bac moins cinq ». En tout état de cause, le niveau d'études n'est pas en soi et à lui seul un gage de bonne justice. Certains juges en sont, hélas, la démonstration vivante.

Être un bon juré, c'est autre chose... Cela demande tant de qualités rares : pas de préjugés, pas trop de difficultés personnelles susceptibles de perturber une appréciation sereine, une vraie faculté d'écoute et d'empathie, une attention constante, une grande lucidité...

La présidente leur tenait toujours le même discours avant l'examen de chaque affaire : « Ce qu'il vous est demandé, c'est d'éviter dans toute la mesure du possible de vous identifier à l'une ou l'autre des parties, à la victime ou à l'accusé, de rester extérieur, impartial, objectif, ce qui ne veut pas dire inaffectif ou inhumain, simplement de ne pas vous assimiler personnellement à l'un ou à l'autre. » Les jurés l'écoutaient attentivement. Ils étaient totalement disparates. Parfois une harmonie se dessinait entre eux, parfois au contraire des oppositions se cristallisaient. On ne pouvait jamais savoir, le hasard des tirages au sort est total.

Or ce juré-là était exceptionnel. Il comprenait tout, il pesait bien les choses, il raisonnait « sans crainte ni haine », ne manifestait aucun préjugé, ne se laissait prendre à aucun artifice, tout en faisant montre d'une attention soutenue et d'une humanité sereine, et les autres jurés avaient tendance à le suivre spontanément. Il aurait pu en remontrer à beaucoup de juges professionnels.

« Pourvu qu'il soit tiré au sort cette fois-ci encore », espérait-elle... Et il l'était ! Durant toutes les affaires de la session, il avait été là, sorti de l'urne chaque fois, devenant pour quelques jours Monsieur le juré n° 2, ou 3, ou 9. Une fois même, premier juré, celui qui siégeait à sa droite dans la salle des délibérés et signait avec elle la « feuille de questions ». Il n'avait jamais été récusé, ni par le ministère public ni par la défense... Cette fois, son nom était à nouveau sorti de l'urne en cinquième position.

L'homme qui comparaissait était âgé de quarante ans et, selon les psychiatres, jouissait d'une responsabilité pénale partiellement atténuée en raison d'un discernement altéré au moment des faits. Une enfance perturbée par un abandon précoce avait aggravé ou initié certains troubles du caractère et du comportement et une désocialisation rapide. Il était accusé de tentatives de viol sur de jeunes garçons qu'il suivait et agressait dans un jardin public à Paris. Il n'avait pas avoué avoir commis les faits qui lui étaient reprochés, mais sa reconnaissance par toutes les petites victimes et l'un des gardiens du parc ne laissait guère de doutes aux juges et aux jurés.

Les débats s'étaient déroulés sans incidents, et la cour délibérait. L'avocat général avait requis une peine de dix années de réclusion criminelle. Le premier vote, sur la culpabilité, était intervenu après une heure de discussion seulement et la majorité des « oui » avait été écrasante. Il s'agissait maintenant de fixer la peine, de tenter d'arriver à un consensus sur une sanction juste et efficace, qui tiendrait compte à la fois de la personnalité de l'accusé et des risques de récidive...

La présidente constatait qu'une fois de plus, en dépit de ses explications et contrairement à la loi, le fait que la responsabilité de l'accusé soit atténuée ne jouait pas en sa faveur, sa dangerosité étant beaucoup plus évoquée par les jurés que ses difficultés et troubles personnels pourtant objectivés par les examens psychiatriques. Elle comptait sur le juré n° 5 pour étayer ses propres explications et modérer peut-être l'ardeur répressive de ses concitoyens. Elle se trompait !

Quand arriva le tour de celui-ci, avant de s'exprimer, il posa une seule question en s'adressant à la présidente : « Est-ce bien vingt ans, comme vous l'avez dit au début, la peine maximale possible ? » Elle confirma en expliquant que si le viol simple est puni de quinze ans de réclusion criminelle, l'âge des victimes (moins de quinze ans) aggravait la peine, et qu'en effet, en ce cas, le maximum théorique, c'était vingt ans. Alors, sans hésiter ni, contrairement à son habitude, développer les raisons de son choix, il déclara qu'il avait déjà quant à lui pris sa décision et qu'il allait au maximum : « Je voterai pour vingt ans », disait-il.

La présidente était stupéfaite : « Me permettez-vous de vous demander vos raisons ? Vous savez que Monsieur l'avocat général a demandé dix ans, et que si son appréciation ne vous lie en aucune manière, il est quand même un peu exceptionnel d'aller aussi vite aussi loin. » Monsieur le juré n° 5 était tout à fait d'accord pour justifier sa décision. Sa participation aux précédents délibérés lui avait permis d'acquérir, de façon pragmatique, la faculté d'effectuer le calcul immédiat de la peine restant approximativement à subir à compter du jour de la décision de condamnation. Il faut savoir en effet que l'une des premières questions posées au président par les jurés plus ou moins bien informés de l'existence de remises de peines et de possibilités de libérations conditionnelles, au début d'un délibéré, est la suivante « Si l'accusé est condamné à telle peine, combien fera-t-il en réalité ?»

Monsieur le juré n° 5 avait parfaitement assimilé les réponses. Il poursuivit donc, tranquillement : « Il est détenu depuis deux ans. S'il est condamné à vingt ans, même avec une libération conditionnelle et les remises de peines habituelles, il sera encore incarcéré au moins dix années ; j'habite juste à côté du parc et je suis grand-père. Mon petit-fils est âgé de six ans : dans dix ans il sera à même de se défendre ! »

Et la banane ?

La présidente était fatiguée. Il était 17 heures et elle terminait l'examen de la dernière affaire de la session, un viol en réunion. Les jurés allaient se séparer le soir même, une fois la décision rendue. La présidente commençait à bien les connaître, ces jurés, car certains d'entre eux, désignés par les tirages au sort successifs, s'étaient retrouvés plusieurs fois à ses côtés depuis deux semaines. La présidente constatait avec plaisir qu'en fort peu de temps ses concitoyens, non professionnels du droit, assimilaient bien les procédures et comprenaient de plus en plus rapidement les faits qui leur étaient soumis, la valeur des preuves présentées à la cour et des moyens avancés par les avocats et le ministère public.
Ils avaient manifestement confiance en elle, qui ne les brusquait pas, et ils acceptaient toujours de poser leurs questions par écrit. Cela constituait une de ses demandes insistantes, et, bien que disposant du pouvoir de poser leurs questions directement à l'accusé, aux témoins, aux experts, les jurés acceptaient de « passer par elle » en lui faisant transmettre leurs interrogations sur des feuilles pliées qu'ils faisaient glisser jusqu'aux assesseurs qui l'entouraient.
Elle leur tenait toujours le même discours : « Vous pouvez interroger vous-mêmes directement, mais prenez garde au fait que vous ne devez jamais laisser transparaître votre opinion, ce qui est difficile. Si vous le faites, les avocats le relèveront et la cour devra vous remplacer immédiatement par l'un des jurés supplémentaires... Et croyez-moi, c'est extrêmement frustrant de se voir "débarqué" au milieu ou à la fin des débats quand on s'est totalement investi dans l'examen d'une affaire... En contrepartie, je prends l'engagement de n'éluder aucune de vos questions, même si je dois parfois les reformuler de façon plus neutre. »
Les jurés opinaient, et il était exceptionnel que des interrogations, avec elle, soient posées oralement par un juré. Elle-même

respectait totalement son engagement et posait effectivement, sans en omettre aucune, toutes les questions qui lui étaient soumises.

Avant de retrouver tous les membres de la cour dans la salle des délibérés qui faisait fonction d'antichambre, elle songeait que l'un des jurés (le n° 3) la laissait perplexe et quelque peu mal à l'aise. Depuis le premier jour, il avait fait passer en effet un nombre étonnamment important de questions à la présidente, qui toutes avaient trait aux attouchements et aux rapports sexuels reprochés aux accusés. Sans ménager la victime, il voulait tout connaître des gestes de nature sexuelle, de leur nombre, de leur nature, et les fellations, sodomies, pénétrations, étaient constamment évoquées par lui, qui en faisait préciser le moindre détail.

En son for intérieur, Madame la présidente, qui reconnaissait maintenant instantanément son écriture alourdie par l'utilisation d'un feutre, avait surnommé Monsieur le juré n° 3 « le juré libidineux ».

Depuis deux jours comparaissaient donc deux violeurs présumés auxquels il était reproché d'avoir attiré dans un piège une jeune touriste italienne âgée de dix-sept ans qui cherchait son chemin dans le métro. Sans méfiance, après avoir marché dans Paris avec ses aimables guides occasionnels, elle les avait suivis chez l'un d'eux qui l'avait invitée à déjeuner avec son ami à son domicile. Ils avaient acheté une bouteille de whisky, des gâteaux et des fruits. À peine arrivée dans le petit appartement, elle avait été immobilisée, l'un des garçons lui tenant les jambes tandis que l'autre tirait sur ses vêtements. Elle avait été violée durant plusieurs heures, et avait dû expliquer devant la cour, après l'avoir décrit aux policiers puis au juge d'instruction, tout ce que – selon elle – les deux hommes lui avaient fait.

Elle avait dit ses larmes, ses cris étouffés par les gifles et la main en bâillon, sa peur et sa résistance de plus en plus faible. Elle se souvenait être restée longtemps recroquevillée sur le lit tandis qu'ils se passaient la bouteille, buvaient au goulot, et mangeaient, et fumaient, sans parler entre eux, mais en riant parfois, en la traitant de « putain » et de « salope ». À un moment, l'un d'eux était allé dans la salle de bains tandis que l'autre, qui avait beaucoup bu, somnolait sur le lit à côté d'elle. Elle avait bondi, avait déverrouillé la porte et s'était précipitée dans le couloir en hurlant. Un voisin l'avait recueillie et avait alerté la police.

Selon les accusés, elle était totalement consentante, et ils ne comprenaient pas cette fuite et ces accusations. Les débats s'étaient prolongés sans que personne ne varie. La présidente estimait inutile d'insister davantage. Elle ordonna une suspension d'audience. Elle voulait jouir d'un dernier quart d'heure de silence avant les réquisitions et plaidoiries.

Elle accrochait sa robe rouge quand quelqu'un frappa à sa porte. C'était Monsieur le juré n° 3. Il attendait, avec son air de patience obstinée, et avec un soupir elle l'introduisit dans son bureau.

« Cette nuit, j'ai repensé à cette affaire et je n'ai presque pas dormi. » Il poursuivit, les yeux fixés au sol : « Nous avons vu hier des photos de la chambre, on y voyait une poubelle qui contenait la bouteille de whisky vide et des épluchures de banane. » Elle admit : « C'est possible, en effet. » Et il insista, sûr de lui : « C'est certain, je l'ai vu, et c'est pour ça que je n'ai pas dormi ; je suis sûr qu'ils se sont servis de la banane. »

Madame la présidente était partagée entre la stupéfaction et l'accablement. Elle expliqua doucement que cela était entièrement nouveau, que jamais la victime ne l'avait évoqué, mais il insistait : « Elle l'a oublié, ou n'a pas voulu le dire, mais j'en suis sûr, ils se sont servis de la banane, et il faut le leur demander ! »

Doucement, elle lui démontra en quoi cette question paraissait superflue, lui rappela que la loi disait « tout acte d'introduction sexuelle, de quelque nature que ce soit » et que les accusés répondaient de plusieurs viols, qui incluaient les fellations et

sodomies déjà longuement évoquées durant les débats, que par conséquent l'usage par eux d'un sexe, d'un doigt ou... d'une banane ne changeait rien à la qualification juridique.
Elle lui souriait gentiment en l'accompagnant vers la porte, ajoutant, hypocrite, qu'il avait bien fait de lui en parler même si la question s'avérait inutile, tout en pensant : « Mais où va-t-il chercher tout ça, comme si le dossier déjà si lourd ne suffisait pas ! »
Hésitant, il insistait encore : « Vous êtes sûre que cela ne change rien si l'on ne pose pas la question ? » Elle le rassurait, maternelle, et il s'était éloigné, visiblement déçu. « Heureusement qu'il est venu m'en parler », songeait-elle en réenfilant sa robe. Elle souriait en imaginant la réaction stupéfaite des avocats de la défense et de l'avocat général si elle avait dû évoquer l'utilisation, purement virtuelle, d'une banane qui ne pouvait sortir que d'une imagination perverse.
Elle retrouva la cour et l'audience reprit. Elle annonça que l'examen de l'affaire apparaissait comme terminé, et ajouta, mécaniquement : « Il n'y a plus de questions ? » C'est à cet instant que l'assesseur de droite tira sur sa manche. « Qu'y a-t-il ? » demanda-t-elle en se penchant vers lui. Il ne répondit pas mais lui tendit une feuille qu'elle déplia sans réfléchir. Elle y reconnut l'écriture appuyée de Monsieur le juré n° 3. En travers de la feuille, en lettres majuscules, on pouvait lire : « ET LA BANANE ? »

Le psychiatre et le juré

Assurer à la fois la direction d'un service fermé au sein de l'hôpital psychiatrique de X... et les missions d'expertise que les juges d'instruction lui confiaient, c'était, par instants, trop lourd pour un seul homme, songeait le psychiatre en retirant sa serviette de l'arrière du véhicule, dans le parking en sous-sol du palais de justice avant de déposer devant la cour d'assises.

Une grève avait affecté quelques semaines auparavant les services administratifs de l'hôpital, puis s'était étendue aux infirmiers et aux surveillants. Quelques malades, objets de placements d'office, en avaient profité pour s'égayer dans la nature. Tous avaient été retrouvés, sauf une... Elle avait quarante-cinq ans, et avait été enfermée davantage pour les dangers qu'elle se faisait courir à elle-même que pour les autres, car elle n'était pas agressive. Mais elle était considérée comme pouvant avoir des tendances suicidaires, par ailleurs tout à fait pacifique et souriante, mais incapable de s'occuper d'elle-même, et sa famille était totalement défaillante. En outre, par instants, elle ne reconnaissait plus personne.

Des voisins, alarmés par sa solitude et sa détresse, et constatant qu'elle se penchait souvent dangereusement au bord de son balcon du cinquième étage, avaient alerté l'assistante sociale. Le préfet avait signé l'arrêté de placement d'office, et la malade ne semblait pas trop malheureuse au sein du département psychiatrique de l'hôpital. Tout le monde l'aimait bien, même si elle perdait par moments la mémoire et se présentait alors au personnel et aux autres malades comme lors d'une première rencontre. Constatant qu'elle pouvait, du fait des grèves, aller où bon lui semblait, elle était sortie, tranquillement. D'autant qu'elle avait reçu une lettre, une sorte de convocation. Depuis, on la cherchait en vain. Son signalement avait été diffusé : « robe rouge, gilet gris », mais comme elle n'était pas signalée dangereuse, personne ne s'activait vraiment.

Le psychiatre rassemblait ses notes en entrant dans la vaste salle de la cour d'assises. On jugeait un violeur, et du fait du huis clos, hormis la cour et les jurés, l'accusé, la victime, et quelques avocats, la salle d'audience était presque vide. Le président avait pris du retard et interrogeait la partie civile.
Le psychiatre attendait. « J'espère qu'il n'y aura pas ensuite une suspension d'audience, songeait-il, j'aimerais qu'il m'appelle maintenant, j'ai encore des malades à voir à l'hôpital. » De loin, le président lui faisait un petit signe de tête, afin de s'excuser du léger contretemps, et désignait la grande horloge du menton, semblant lui signifier « c'est pour bientôt ».
Le psychiatre patientait. Il était penché sur ses notes, car il avait procédé à l'examen de l'accusé plus de dix mois auparavant, et voulait se rafraîchir la mémoire. Comme dans un brouillard, les paroles de la victime qui déposait parvenaient jusqu'à lui. Ce n'est pas lui qui s'était entretenu avec elle. C'était une psychologue qui avait rédigé l'expertise de cette partie civile. Il ne la connaissait donc pas, mais son émotion et les difficultés qu'elle semblait éprouver avant de répondre aux questions précises du président étaient palpables.
Le psychiatre tourna la tête vers le conseil de l'accusé, qui intervenait maintenant d'une voix forte et qui interrogeait à son tour la jeune fille, durement. Il songeait : « Décidément, l'audience, avec certains avocats, cela devient une arène. » Il trouvait que l'on aurait pu ménager davantage la jeune femme partie civile qui déposait et dont il voyait les jambes trembler.
Puis il se résigna : ce n'était pas son problème, après tout, même s'il ressentait une sensation désagréable en constatant que, sans que quiconque intervienne, la victime apparemment fragile et désarçonnée était ainsi publiquement malmenée par un homme en robe noire qui lui semblait abuser de sa superbe et de sa voix sonore.
Un silence... L'avocat avait terminé, et le psychiatre, entendant

son nom, leva la tête. C'était à lui. « Vous allez prêter serment », lui dit le président après avoir rappelé son identité.
Le psychiatre leva à la fois le bras et la tête... et c'est alors qu'il la vit. Elle était là, juste en face de lui, à la place du juré n° 2, à la gauche de l'assesseur. Elle portait toujours la même robe rouge et son gilet gris. Elle lui souriait, placide, tranquille. Ne semblait pas le reconnaître. Très attentive, elle l'écoutait relater son expertise et exposer ses conclusions. Lui, bien que stupéfait, continuait, mécaniquement. Parallèlement, il pensait : « Ce n'est pas possible, pas possible, elle est juré, je ne me trompe pas, elle est bien là, c'est elle. » Et machinalement il répondait aux questions du président, puis de l'avocat général.
Quand l'avocat de la défense intervint à son tour, le psychiatre s'efforça de ne pas transformer, comme il l'aurait pu aisément, les questions de celui-ci en autant de boomerangs, car après tout, ce n'était pas la faute de l'accusé si son avocat n'avait pas particulièrement fait montre d'humanité et de délicatesse en interrogeant la partie civile. Et puis le psychiatre était préoccupé par bien autre chose : Madame le juré n° 2 était une de ses patientes, normalement internée dans son hôpital...
Le Président le regardait, surpris par son silence soudain. « Il n'y a plus de questions, Monsieur l'expert, vous pouvez disposer, la cour vous remercie. » Il ne savait pas quoi faire et alla se rasseoir comme un somnambule, en entendant « suspension d'audience ».
Vous ne connaîtrez pas la suite, hormis le fait que le psychiatre alla peut-être demander un entretien confidentiel au président ; qu'il viola peut-être le secret médical ou ne le viola pas ; que le président accepta ou non de l'entendre ; que celui-ci demanda alors ou ne demanda pas à Madame le juré n° 2 de quitter sa fonction provisoire, étant frappée d'une cause d'« incapacité légale » ; qu'il y avait ou qu'il n'y avait pas un juré supplémentaire disponible ; qu'il fallut ou qu'il ne fallut pas tout recommencer.
Je ne le dirai pas. À mon ami psychiatre, j'ai promis le secret.

Le juré et le journaliste

Comme d'habitude, pensait la présidente, l'accusé niait tout, alors que l'affaire pourtant paraissait claire et les preuves accablantes. Elle savait bien qu'il fallait se méfier des évidences, mais cependant elle constatait que personne n'avouait plus jamais et que les avocats plaidaient systématiquement l'acquittement de leurs clients, même si, à la fin, ceux-ci étaient reconnus coupables aussi souvent qu'auparavant. Comment expliquer, songeait-elle, qu'il y a seulement quinze ans, la majorité des crimes évoqués devant la cour d'assises étaient reconnus par les accusés ? Faudrait-il instaurer, comme aux États-Unis, le « plaider coupable » même pour les crimes ? On gagnerait sans doute beaucoup de temps.

Le dossier qui allait être évoqué était presque un cas d'école. Un meurtre entre dealers. Des témoins avaient vu l'accusé à proximité peu avant le crime et une empreinte de l'un de ses doigts avait été retrouvée sur le revolver ; il avait un mobile, on avait entendu ses menaces publiques, et l'arme avait été jetée dans le vide-ordures de l'immeuble dans lequel se trouvait le suspect juste au moment où la police frappait à sa porte. Tout semblait concorder. Et cependant l'accusé évoquait un complot, des manœuvres policières, des témoins complaisants ou myopes, et un alibi tardif que seule sa mère était venue confirmer.

Un journaliste solitaire assistait aux audiences, car cette affaire n'intéressait pas les media nationaux. Mais le journal local était très lu, et dès le deuxième jour, les jurés avaient apporté quelques exemplaires de l'édition toute fraîche et les avaient montrés à la présidente. L'une surtout, Madame le juré n° 9, semblait indécise et perturbée. « Vous avez lu ? c'est drôle, ce n'est pas exactement ce qu'on a entendu hier. D'après l'article, l'accusé semble être vraiment victime d'erreurs et d'acharnement de la police. Qu'en pensez-vous ? »

La présidente avait réagi vigoureusement. « Nous ne sommes pas en Amérique, et ici vous avez le droit de lire la presse. Mais si vous m'autorisez un conseil, ne lisez rien pour le moment tant que la décision n'est pas prise. Les juges, c'est vous et seulement vous. Bien sûr, je ne peux pas vous l'interdire, mais parfois, un journaliste exprime une opinion subjective, ou bien il disparaît pendant une partie des audiences et oublie, simplement parce qu'il ne l'a pas entendue, une déposition importante. Vous, vous entendez et voyez tout, et sans idée préconçue... donc, si vous le pouvez, tant que le verdict n'est pas rendu, oubliez la presse, c'est mieux. »

Elle avait bien vu que les jurés restaient hésitants et semblaient ébranlés par l'article. En particulier Madame le juré n° 9, qui hochait la tête d'un air peu convaincu. Les débats s'étaient poursuivis sans aucun incident. Le journaliste avait une veste couleur tabac et des lunettes à monture d'écaille. Il était au deuxième rang et prenait ostensiblement des notes.

La plaidoirie de l'avocat de l'accusé, familier des cours d'assises, avait été véhémente. Il ne s'était pas très longuement appesanti sur le dossier lui-même, mais il avait été plus brillant au moment de sa péroraison : « Souvenez-vous de l'affaire Dreyfus, de l'affaire Seznec, et de l'affaire d'Outreau. Prenez garde, Mesdames et Messieurs les jurés, à l'erreur judiciaire. Si vous condamnez mon client, vous envoyez un homme, qui clame depuis deux ans son innocence, en prison pour de longues années. Or cet homme nie depuis son arrestation, cela seul devrait vous ébranler et doit suffire pour que vous constatiez qu'il subsiste un doute. Souvenez-vous que le doute profite toujours à l'accusé. Vous l'avez juré, c'est dans votre serment. Vous n'avez, dans ces conditions, pas d'autre choix que d'acquitter. »

À un moment, au milieu de sa plaidoirie, il avait brandi un exemplaire du journal local en relevant, comme par incidence, qu'il n'était pas le seul à douter de la culpabilité de l'accusé. La présidente, qui avait maintes fois entendu cet argumentaire, soupirait en songeant que si toute personne qui niait l'accusation dont elle était l'objet bénéficiait du doute, il n'y avait plus lieu de condamner personne. Cela résoudrait le problème de la surcharge carcérale.

Il était midi, l'avocat venait de se rasseoir, et la présidente égrenait les lectures solennelles imposées comme des rites, en particulier l'ultime recommandation aux juges de l'article 353 du code de procédure pénale : « … la loi ne leur fait que cette seule question qui renferme toute la mesure de leur devoir : avez-vous une intime conviction ? »

Les jurés se retrouvèrent seuls avec les trois juges dans la salle du délibéré. Ils étaient silencieux. Chacun choisit sa place autour de la grande table ovale recouverte d'un tapis vert. Soudain, et sans attendre, Madame le juré n° 9 déclara que l'accusé était coupable. La présidente tenta de l'interrompre, en lui disant que c'était trop tôt, qu'il fallait reprendre d'abord calmement tous les éléments discutés, mais le juré n° 9 ne l'écoutait pas et l'interrompit en élevant la voix : « Je sais ce que j'ai vu, et il faut que je le dise. Dans la salle d'audience, vous avez vu que je suis en bout de table, tout près du banc des avocats, et pendant que tout le monde se levait, vous savez ce qui s'est passé ? J'ai vu ce matin vers midi le journaliste, qui ne m'observait pas, se précipiter sur l'avocat de l'accusé et lui dire : "Tu viens ? on va bouffer." » Elle était indignée.

Doucement, la présidente lui fit savoir qu'il n'était pas interdit à un avocat de déjeuner avec un journaliste, qu'à force de se retrouver dans les cours d'assises, des amitiés se forment, que… Mais Madame le juré n° 9 ne voulait rien entendre, elle était en colère. « Moi, je ne comprends qu'une chose… Ils sont copains, et le journaliste a voulu nous tromper. »

Et personne ne peut confirmer, car le vote est secret, si ce fut en partie du fait de Madame le juré n° 9 que la sanction fut particulièrement sévère.

Le juré récusé

Le président avait beau les avertir le premier jour, lors de l'audience de « révision de la liste », les jurés potentiels le vivaient toujours très mal. Ils entendaient le président prononcer leur nom d'une voix forte après avoir sorti le petit jeton arrondi de l'urne : « Juré n°..., M. Z... ou Mme X... » Docilement, l'homme ou la femme se dressait et passait devant les sièges alignés sur lesquels leurs camarades, futurs jurés possibles, attendaient, puis il s'avançait dans l'allée centrale qui menait à la cour vers l'estrade sur laquelle siégeaient déjà en majesté les trois magistrats de la cour et les jurés qui venaient d'être tirés au sort.
L'avocat général regardait sa liste; les avocats se concertaient après avoir, eux aussi, jeté un coup d'œil sur leurs notes. C'est qu'il fallait être rapide : âge, profession, sexe, déjà tiré au sort dans les précédentes affaires ? et pour quel résultat ? et quelle allure ? quelle attitude ? et quel regard porté aux autres ? Souriant ou hostile ou neutre en direction de l'accusé, et des victimes ou des avocats ?
Nous ne sommes pas en Amérique. On n'interroge pas le jury avant de souscrire à sa composition. Le ministère public et la défense ne disposent chez nous que des quelques secondes qui séparent le cheminement des futurs jurés depuis leur siège, dans la grande salle d'audience, jusqu'aux petites marches permettant d'accéder à la cour puis au siège « qui leur est réservé ». Dès que le président tire le numéro du juré suivant de l'urne, la récusation n'est plus possible.
En tout cas, chaque fois que l'un ou l'une de ces hommes et de ces femmes distingués par le sort entendait brusquement claquer à ses oreilles un cinglant « récusé » dont il ne savait même pas, abasourdi, s'il provenait de la droite ou de la gauche, du parquet ou de la défense, et il s'immobilisait soudain, hésitant. Doucement, le président expliquait : « Madame, ou Monsieur,

vous êtes récusé(e) par la défense (ou par l'accusation). » Et le récusé repartait, souvent la tête basse, vers son siège anonyme au milieu de la salle.

Le président avait, vainement hélas, passé de longues minutes à leur expliquer que ces récusations n'étaient en rien infamantes, qu'elles ne signifiaient nullement une défiance justifiée en quoi que ce fût, mais seulement la volonté pour l'accusation ou de la défense d'obtenir par exemple un jury vraiment mixte, équilibré par l'âge et par le partage des sexes, ou d'éviter ponctuellement une trop grande proximité professionnelle avec une victime, mais rien d'autre. Il sentait que jamais les jurés n'étaient vraiment convaincus.

Rarement, mais régulièrement, une fois par trimestre au moins, un avocat débutant faisait sourire le président. Il s'agissait toujours de l'ardent défenseur d'une partie civile, très jeune et fier de sa première intervention devant la Cour d'Assises (il y mettait des majuscules et avait parfois averti sa famille qui l'admirait de loin dans les bancs du public), un jeune novice enflammé, donc, qui s'écriait : « Récusé ! » alors que la partie civile ne dispose pas du droit de récusation. Avec indulgence et sans élever la voix, le président lui rappelait : « Maître, vous ne le pouvez pas », et le jeune avocat comprenait soudain et se rasseyait rougissant et confus.

Ce jour-là, l'avocat de la défense était seul et avait décidé qu'il était préférable de se fier à son instinct. Il connaissait trop de récits de ses confrères pénalistes et de ses amis magistrats à propos du droit de récusation et des erreurs souvent commises : « On croit par exemple que les femmes sont toujours favorables aux autres femmes victimes de viol, c'est faux, elles s'en désolidarisent le plus souvent », lui avaient raconté ses amis magistrats, assesseurs ou présidents.

L'avocat estimait que le visage est bien plus révélateur d'un état d'esprit que des éléments extérieurs apparemment objectifs. Il avait remarqué, précisément, en entrant dans la salle d'audience, une femme qu'il avait d'emblée considérée comme totalement antipathique, « à fuir », avait-il pensé instantanément. Elle avait une cinquantaine d'années, un menton pointu et des lèvres minces, un regard peu amène qu'elle promenait durement autour d'elle. Elle portait un tailleur gris strict et sans grâce, « un vrai prototype de femme aigrie, songeait-il, la méchanceté incarnée »... Et elle avait été tirée au sort, elle serait devenue, sans l'exercice du droit de récusation, Madame le juré n° 4. Lorsqu'elle avait fait demi-tour, elle avait longuement regardé le défenseur responsable de son exclusion.

L'auteur des vols à main armée avait reconnu sans réticence sa culpabilité. Toxicomane à l'héroïne, il avait besoin de ses doses et de l'argent rapide, et son état de dépendance et de délabrement total expliquait l'absence de précautions que n'importe quel malfaiteur débutant aurait prises au moment des vols. Agissant à visage découvert sous l'œil des caméras, il avait été rapidement identifié, d'autant que son passé judiciaire avait facilité les rapprochements. La sanction prononcée par la cour d'assises avait été sévère. Les réquisitions de l'avocat général dépassées.

Malgré l'absence de toute atteinte physique (l'arme de poing qu'il brandissait n'avait jamais été utilisée, et selon l'accusé, le chargeur était vide), la sanction de dix années de réclusion criminelle (alors que six ans avaient été requis par le ministère public) semblait terriblement lourde à l'avocat qui rangeait son dossier et repliait sa robe.

Madame l'ex-futur juré n° 4 l'attendait dans le couloir. Elle avait assisté à tous les débats depuis la salle. « Maître, pardonnez-moi, je voudrais savoir pourquoi vous m'avez récusée. » Il tenta de la contourner poliment en expliquant vivement qu'il ne pouvait le dire, mais elle insistait : « Je veux savoir, car c'est vraiment dommage. Je trouve qu'ils ont été trop durs. » Elle ne s'arrêtait plus, et il l'écoutait, tétanisé. « Vous ne savez rien de moi, sauf ma profession et mon âge, mais je dois vous dire que j'ai un fils, drogué lui aussi, actuellement en prison pour des vols et des viols... Quand ils sont en manque, ils font n'importe quoi, ce n'est pas de leur faute, ce sont avant tout des malades. Mon fils a rechuté tant de fois, il essaye mais c'est difficile, et ses dealers le retrouvent après ses cures et lui en redonnent gratuitement au début. Ce sont eux, les salauds qu'il faudrait punir ; les drogués, ce sont des victimes, je leur aurais dit, moi, aux juges... »

L'avocat n'exerça plus jamais son droit de récusation.

L'avoinée

Depuis deux années qu'elle présidait la cour d'assises, la présidente avait rarement été déçue par cette justice particulière rendue en commun avec de simples citoyens investis durant quelques jours d'un écrasant pouvoir. Venus de tous milieux, de formations diverses, jeunes ou âgés, femmes ou hommes, ils apprenaient rapidement, écoutaient attentivement, percevaient pendant les audiences des mouvements et des expressions de visages qui lui échappaient quelquefois, notaient des réponses précises qu'elle n'avait pas toujours intégralement relevées et qu'ils retrouvaient notées consciencieusement sur leurs feuilles au moment du délibéré. Leur conscience était rarement prise en défaut. Leur objectivité ou plus exactement leur volonté d'y tendre était réelle et sincère. Cependant, quelquefois, l'un d'eux manifestait d'emblée une aversion ou une sympathie excessive envers un accusé, ce qui rendait les délibérations plus difficiles.
Près de 80 % des affaires jugées par la cour avaient une connotation sexuelle. Les incestes et les viols autrefois occultés composaient désormais l'essentiel des rôles des cours d'assises en France. C'était encore le cas ce jour-là. Ils étaient trois amis, venus de la même cité. La victime les connaissait depuis l'enfance. Elle habitait un immeuble voisin. L'un d'eux avait été son premier « petit ami ». Elle avait dix-sept ans. Il avait eu le tort de s'en vanter auprès des deux autres, qui ne le lâchaient plus, un surtout, le plus fort, que l'on craignait dans la cité. Ce dernier avait une conception bien arrêtée de la vertu et de la réputation des filles (il disait « meufs »), qu'il séparait en deux catégories parfaitement opposées, les « putes » et les autres, et parmi les premières, celles qui « sortaient » et qui pour lui dès lors ne valaient rien, juste des proies possibles.
Selon les déclarations initiales de l'un des accusés, il leur « avait mis la pression » pour que le jeune homme qui connaissait la

victime accepte de leur livrer la jeune fille en lui donnant rendez-vous un soir pas loin des caves. Mais il était revenu dès sa comparution devant le juge d'instruction sur ses premières déclarations, et devant la cour d'assises, depuis deux jours, les accusés niaient formellement avoir commis le « viol en réunion » qui leur était reproché. « Elle était tout à fait d'accord », affirmaient-ils.
Les psychiatres ne décelaient pas chez celle-ci de tendances à l'affabulation et relevaient un « syndrome post-traumatique » qui pouvait être compatible avec la réalité du viol qu'elle alléguait. Les jurés étaient manifestement partagés. La déposition de la victime, embarrassée, tétanisée devant la cour, avait semblé à certains tout à fait authentique, à d'autres, au contraire, la démonstration d'un embarras compatible avec un mensonge possible.
La présidente savait que le délibéré allait être long et difficile. Il était déjà 19 heures. Elle-même ne donnerait son opinion qu'au tout dernier moment, juste avant de procéder au vote. Elle ne partageait pas la pratique de certains de ses collègues qui prétendaient ne la manifester jamais pour ne pas abuser de leur influence auprès des jurés non professionnels. « Je ne suis qu'un juge comme eux, mais pas moins quand même, et je ne vois pas au nom de quoi il me serait interdit de m'exprimer... simplement je le fais le plus tard possible. »
Les jurés, les uns après les autres, discutaient et exposaient leur « début de conviction ». Certains déclaraient qu'ils voulaient réfléchir encore, car il y avait certains arguments en faveur de l'accusation, mais aussi d'autres, à « décharge », et ce n'était pas simple. C'était, ce soir-là, le cas de Madame le premier juré, une mère de famille âgée de cinquante ans, qui réfléchissait et reprenait oralement les motifs de condamnation ou d'acquittement possibles, entre lesquels elle balançait.
Le tour de table continuait. C'était le tour du juré n° 6. La présidente avait appris à le connaître, car depuis l'ouverture des

débats ce juré, âgé juste de vingt-quatre ans, n'avait cessé, durant les suspensions d'audience, d'accuser la victime en des termes à peine moins amènes que ceux employés par les deux accusés. « C'est une menteuse, une fille légère, qui nous raconte des histoires. Elle regrette aujourd'hui d'avoir accepté de coucher avec eux à cause de ses parents peut-être ou pour obtenir de l'argent, affirmait-il, mais elle était d'accord. »

L'un des deux accusés était d'origine antillaise, et Monsieur le juré n° 6 affirmait que ces accusations n'étaient pas innocentes et que, à coup sûr, la victime était également raciste. Il prit la parole... et il la garda. Après dix minutes d'une démonstration quelque peu répétitive aux termes de laquelle il était selon lui évident qu'aucune crédibilité ne pouvait être accordée à « cette fille » et qu'un acquittement s'imposait, la présidente proposa de laisser la parole au juré suivant.

Monsieur le juré n° 6 n'était pas d'accord. « C'est inadmissible, je n'ai pas fini. » Elle dit : « je vous accorde encore cinq minutes, car tout le monde n'a pu encore parler, et je vous rassure, nous n'en sommes qu'au premier "tour de table". » Le juré n'était pas content du tout et le fit bien savoir : « Ici nous sommes tous égaux, j'ai parfaitement le droit de m'exprimer. Vous devez me laisser le temps. Et j'ai encore des choses à dire. »

Le temps passait et certains des jurés levaient les yeux au ciel. Les assesseurs regardaient la présidente, lui signifiant qu'elle se devait d'intervenir. Elle le fit et s'écria : « Stop. Je regrette. Vous reprendrez la parole tout à l'heure. » Tout le monde s'exprima, et une majorité se dessina peu à peu, qui tendait à l'expression d'une conviction majoritaire de la culpabilité des accusés. Il fut procédé à une nouvelle consultation de tous les membres de la cour. Lorsque la parole fut donnée au juré n° 6, ce dernier se montra encore plus véhément, et il exprima longuement ses certitudes et l'indignation qu'il ressentait du fait que certains de ses cojurés osaient douter de la bonne foi des accusés, qui, selon

lui, avaient été « piégés par une garce ». Il garda la parole plus de vingt minutes.
De longs soupirs témoignaient de la lassitude de toute la cour cette fois. On délibérait depuis plus de trois heures. La présidente intervint à nouveau. Elle donna la parole aux jurés suivants et aux assesseurs, puis elle proposa de voter. « Vous sentez-vous prêts, votre conviction est-elle faite ? Ceux qui pensent être en mesure de décider maintenant veulent-ils lever la main ? » Onze bras se dressèrent instantanément. Monsieur le juré n° 6 faisait mine de ne pas comprendre. « Je n'ai pas fini », disait-il. Un des assesseurs tenta de lui expliquer que tous avaient bien écouté et entendu ses arguments, et que chacun, sauf lui, s'estimait désormais assez informé pour décider. Qu'il était maintenant temps de répondre « oui » ou « non » par écrit. Il s'entêtait. La présidente reprit un ton autoritaire : «Je suis désolée, maintenant, nous votons. »
Et l'on fit circuler l'urne. Plus de huit « oui » en faveur de la culpabilité de chacun des accusés furent successivement comptabilisés. Monsieur le juré n° 6 se leva de sa chaise. « Puisque c'est ainsi, je m'en vais. Je ne participerai pas davantage à ce simulacre de justice ; vous êtes tous des racistes, il n'est pas question que je collabore à la suite, et au prononcé d'une peine contre des innocents à cause d'une salope (*sic*). Je méprise ce que vous venez de faire et je pars. » Et il commença à enfiler sa veste.
La présidente l'arrêta d'un geste. « Vous ne le pouvez pas, vous devez rester, vous n'êtes pas souffrant, vous pouvez être condamné à une amende si vous partez sans raison. » Mais le juré secouait la tête. « C'est indigne, j'ai honte pour vous tous, je ne resterai pas dans de telles conditions et je le ferai savoir. Je me moque de l'amende. »
Madame la présidente était consternée. Elle ne pouvait le retenir de force. Elle allait devoir interrompre le délibéré, rédiger un arrêt constatant l'empêchement d'un juré et son remplacement par le juré supplémentaire qui attendait à côté, convoquer les avocats

qui s'étaient éloignés, prononcer l'arrêt publiquement et... tout recommencer. Le délibéré devait en effet être repris intégralement, les votes exprimés par une cour autrement composée n'avaient plus de valeur.
Il y en avait au moins pour une heure ou deux. On allait sortir à minuit. Les deux assesseurs étaient accablés, et les jurés les interrogeaient du regard : que se passait-il en pareille occurrence ? Soudain, alors que Monsieur le juré n° 6 finissait de rassembler ses affaires, une voix s'éleva, puissante : c'était Madame le premier juré qui s'adressait à son collègue, juré n° 6. Et ce fut une magistrale avoinée !
D'emblée, elle le tutoya : « Reste là, je te prie, toi qui as l'âge de mon fils. Tu veux que je te dise, depuis deux heures, ce que je vois et ce que je pense ? Je te vois te comporter comme un petit con et maintenant cela suffit. Tu sais ce que c'est, la démocratie ? Tu sais ce que c'est, un vote et une majorité ? Tu l'as appris où, le respect des autres ? Alors maintenant tu restes assis et tu te tais. De quel droit t'autorises-tu à nous pourrir à tous la vie depuis que nous avons commencé à délibérer ? Tu crois que ça nous amuse, que c'est facile pour nous ? Et tes insultes, de quel droit ! Qu'est-ce que c'est que cette accusation de "racistes" ? Nous pourrions exiger des excuses, tu nous as insultés, je le répète. Alors maintenant, assis ! Et tiens-toi tranquille. Nous avons été trop patients. »
Et devant la présidente médusée, Monsieur le juré n° 6 reprit sa place et termina le délibéré.

Chapitre 3

Le magistrat est une femme

Je suis arrivée assez tard dans la magistrature. En mars 1981, beaucoup de femmes déjà se présentaient au concours. Elles commençaient à être plus nombreuses que les candidats masculins. Elles avaient également un meilleur taux de réussite à l'écrit. On disait que le grand oral était toujours rendu plus difficile et plus strictement noté par le jury (en majorité masculin, inutile de le préciser) lorsque le candidat était une femme, ce qui permettait de rééquilibrer la proportion d'hommes et de femmes à l'arrivée.
Les plus hautes fonctions étaient alors très exceptionnellement occupées par des femmes, qui étaient citées en exemple et servaient déjà d'alibis. La misogynie, à l'intérieur du corps de la magistrature, était aussi réelle que dans les autres institutions et relativement discrète, sauf lorsqu'une maternité entraînait (du fait de l'absence de tout remplacement de l'intéressée durant plusieurs mois) une surcharge notable de travail pour ses collègues déjà en sous-effectif. Paradoxalement, c'est la femme momentanément arrêtée qui était parfois l'objet de reproches plus ou moins voilés, et non les services judiciaires !
En revanche je n'ai pas observé que les justiciables manifestaient une quelconque prévention à l'égard des femmes magistrats, à une exception près, liée au caractère passionné de certains litiges portant, au cours d'un divorce, sur la garde des enfants. J'ai souvent entendu en effet cette affirmation (sur le fond parfaitement injustifiée) : « Le juge aux affaires familiales est une

femme, c'est pour cela qu'elle confie systématiquement la garde des enfants à la mère. »

Deux des anecdotes qui suivent (« L'accident » et « Le réverbère ») ne constituent donc que l'illustration d'un simple malentendu actuellement dépassé : une jeune femme substitut du procureur de la République que sa fonction conduit à se rendre immédiatement sur le lieu de découverte d'un cadavre n'est plus aujourd'hui une surprise pour quiconque depuis la multiplication des séries télévisées sur ce thème (séries de qualité souvent médiocre par ailleurs, compte tenu des erreurs grossières et invraisemblances procédurales qui les émaillent).

Quant à l'histoire intitulée « Le regard », elle illustre une situation particulière qui est à l'évidence du ressort de la psychiatrie plus que de la justice...

L'accident

Elle était toujours de permanence quand il arrivait quelque chose. Il était 14 heures – pour une fois ce n'était pas au milieu de la nuit – quand on l'informa qu'un malfaiteur venait de se faire assassiner à Montrouge, près de la porte d'Orléans. « C'est à un carrefour, ils l'ont abattu dans sa voiture alors qu'il venait juste de sortir de la prison de Fresnes, on vient vous chercher au palais. » Ils étaient deux dans la voiture banalisée, et l'invitèrent à s'installer à l'arrière. Elle leur paraissait bien jeune – « décidément, ces magistrats sortis de l'école ont de plus en plus l'allure d'étudiants », pensaient-ils tous deux.

Peut-être décidèrent-ils de s'amuser un peu aux dépens de la jeune femme ? Peut-être fallait-il aller d'autant plus vite que la voiture de la victime, immobilisée en plein carrefour, et le périmètre neutralisé autour, étaient en train de provoquer un gigantesque embouteillage sur la nationale 20 ? En tout cas ils foncèrent.

La sirène résonnait sur le périphérique, et ils se faufilaient à toute vitesse entre les véhicules qui leur laissaient la place en entendant le « deux tons » poussé au maximum. Ils les frôlaient sans les accrocher. Elle était littéralement terrorisée. Le cadavre pouvait attendre cinq minutes, pensait-elle, sans oser le dire. Elle ne voulait rien laisser transparaître de sa peur et faisait semblant de consulter ses notes. Sous les tunnels, le bruit devenait insupportable, car le hurlement de la sirène se doublait d'un écho terrifiant.

Il fallait qu'elle respire et se moque d'elle-même et de la situation. Elle se morigénait toute seule : « C'est ça, ma fille, tu vis avec intensité, ce n'est pas tout à fait réel, tu as voulu choisir une carrière singulière, tu y es, continue… » Et elle poursuivait son soliloque silencieux : « Si tu veux qu'ils te respectent, ne leur montre pas ce que tu éprouves, reste naturelle, souris, parle… »

Sourire, elle avait du mal, et elle parlait assez peu, mais elle restait droite et parvenait à conserver une expression impavide.
À cet instant, elle regarda à sa droite... Pour gagner quelques secondes, ils franchissaient un feu bien rouge porte de Châtillon, en sortant puis en s'apprêtant à redescendre à une allure folle la bretelle du périphérique, quand le conducteur arriva à allure normale au volant d'une vieille Peugeot 306. Il n'avait pas vu le gyrophare, et entendu trop tard le hurlement de la sirène. Juste en même temps qu'eux, il passa au feu vert. Il ne pouvait que les percuter, et elle se tassa le long de la portière dans l'attente du choc inévitable. Ce fut moins violent qu'elle ne le pressentait. Les deux véhicules s'enroulèrent l'un dans l'autre et tournèrent un instant avant de s'immobiliser, elle fut projetée violemment contre la portière. À l'avant, les deux policiers ne semblaient pas blessés.
Il pleuvait. Tout le monde était sorti des véhicules. Les policiers s'inquiétaient et l'interrogeaient sur ses possibles blessures. « Je n'ai rien, ce sera juste un bleu », disait-elle, et c'était vrai qu'elle était seulement meurtrie. L'autre automobiliste, indemne lui aussi, contemplait accablé sa voiture hors d'usage. Les deux officiers de police judiciaire n'avaient pas oublié leur mission et l'urgence, et s'éloignaient déjà pour téléphoner afin d'obtenir un autre véhicule en lui disant : « Attendez-nous. » Encore un peu choquée, elle accepta et resta docilement debout sur le trottoir, toute seule. C'est alors qu'elle les entendit.
Elle ne les avait pas vus arriver et ils parlaient à l'automobiliste qui restait figé près de sa voiture. C'étaient deux retraités paisibles, un vieux couple revenant du marché. L'homme avait d'ailleurs une baguette de pain sous le bras. Amusée, elle pensa qu'il ne lui manquait que le béret basque. Mais le discours de l'homme se faisait véhément, il élevait le ton, et elle ne pouvait pas ne pas comprendre, car manifestement, c'était à elle qu'indirectement il s'adressait, il ne haussait pas la voix par hasard. Il était

fort mécontent et il poursuivait son discours de plus en plus fort : « C'est toujours pareil, nous sommes témoins, Monsieur. Vous aviez le feu vert, nous avons tout vu. Ils disent qu'ils sont policiers, c'est sûr puisqu'il y a le gyrophare. Mais ça suffit. Ils exagèrent. Il ne faudra pas vous laisser faire, ils se prennent pour des cow-boys, ils font n'importe quoi, ils roulent comme des fous, et pourquoi, oui, pourquoi ? » Et tous deux la regardaient d'un air de plus en plus hostile. Et l'homme insistait : « Et tout ça avec notre argent, avec leur voiture de service, ils font du rodéo, et vous savez pourquoi ? Pour elle ! Tout ça pour la promener et l'épater, elle, leur petite copine ! »
L'autre voiture de police arrivait, elle n'eut pas le temps de démentir.

Le regard

On lui reprochait d'avoir commis une « agression sexuelle ». Il avait trente-cinq ans et il était célibataire. Il habitait avec sa mère, travaillait aussi avec elle, ils ne s'étaient jamais quittés. Elle était une femme énergique et de caractère, veuve depuis dix ans, et leurs rares amis pensaient qu'il ne se dégagerait jamais de son emprise. Il avait été interpellé la veille et conduit, après quelques heures de garde à vue, au dépôt de Paris. Sur un banc, dans le couloir qui menait aux bureaux des substituts, la mère attendait, fulminante, qu'un magistrat daigne la recevoir et mette fin immédiatement à cette arrestation arbitraire.

Madame le substitut étudiait le dossier. L'employée de maison qui travaillait depuis longtemps chez la mère et le fils s'était précipitée la veille au commissariat de la rue voisine de leur domicile. Elle avait raconté avoir été soudain plaquée par le mis en cause contre le mur du couloir et avoir dû subir malgré elle des attouchements sexuels durant plusieurs minutes avant de réussir à se dégager. Il avait caressé ses seins et glissé une main sous sa jupe. Elle était allée aussitôt se plaindre à la patronne (elle l'appelait ainsi), mais la réaction de celle-ci avait été fort désagréable : « Il ne vous a quand même pas violée, ma fille. Je trouve que vous faites beaucoup d'histoires pour pas grand-chose. Et puis êtes-vous sûre que vous ne l'avez pas un peu provoqué ? Mon fils n'est pas comme ça. » C'est surtout cette réaction qui l'avait déterminée à porter plainte.

La confrontation pendant la garde à vue n'avait donné aucun résultat : il était resté totalement silencieux. Madame le substitut décida qu'il était temps de l'entendre. Devant elle, il était décidé à s'expliquer. Il était d'ailleurs indigné : « Je ne comprends pas du tout ce que je fais ici. Je ne suis pas un criminel, je n'ai rien volé à personne, vous feriez mieux de vous occuper des vrais délinquants, cela fait des heures qu'on m'a arrêté et qu'on me garde pour rien du tout ; je vous demande de me relâcher tout de suite. »

Madame le substitut tenta de le calmer et de lui dire que personne n'avait le droit d'imposer des attouchements sexuels à quelqu'un qui n'y consent pas. « Si ce que la plaignante affirme est exact, si les faits sont avérés, vous avez commis une agression sexuelle. » Il protesta qu'il ne l'avait pas violée, tout de même. Patiemment, son interlocutrice tenta de lui expliquer la différence entre une agression sexuelle et un viol, qui était un crime, à cause de la pénétration. Mais il ne l'écoutait plus et il parlait sans s'arrêter. « Madame, je vous affirme que c'est complètement de sa faute. C'est-elle qui me provoque. Elle me regarde, elle me regarde, si vous saviez quand je prends ma douche comme elle me regarde ! » Madame le substitut était stupéfaite. Et si tout cela n'était qu'une manipulation ? Si la plaignante avait menti ? S'il s'agissait en réalité d'une liaison qui dégénérait ?

Elle réussit à l'interrompre : « Vous dites que votre femme de ménage est présente quand vous prenez votre douche ? » Il rectifia aussitôt : « Non je me suis trompé, pas ma douche, je voulais dire pendant ma sieste, qu'il faut voir comme elle me regarde quand je fais ma sieste. » Madame le substitut était logique. « Quand vous dormez, vous constatez qu'on vous regarde ? » Mais il ne l'écoutait plus du tout. Il poursuivait : « Quand je fais ma sieste, je laisse toujours ma porte ouverte, pour surveiller si elle travaille. Elle passe dans le couloir et elle me regarde. »

Il était de plus en plus bouleversé, son débit se précipitait. « C'est à cause de son regard, vous savez », et, de plus en plus véhément, il expliquait : « Le regard, le regard des femmes… » Madame le substitut sentit que tout allait basculer.

Il s'interrompit, la fixa, intensément, et reprit soudain : « Le regard des femmes, Madame le procureur, et d'ailleurs, et d'ailleurs, la façon dont *vous* me regardez ! »

À la demande du substitut, le juge d'instruction désigna un psychiatre.

Le réverbère

Son nouvel appartement lui plaisait de plus en plus. Il était situé dans le prestigieux XVIe arrondissement de Paris, à deux pas de l'avenue Foch. Elle l'avait fait totalement rénover. Le couloir était jaune paille et la chambre saumon ; le séjour était blanc. Seuls les quatre étages, lorsqu'elle rentrait à son domicile avec des dossiers qui lui semblaient terriblement lourds, étaient parfois épuisants. Mais elle était « chez elle ».

Ses voisins semblaient courtois et moins indifférents que dans l'immeuble qu'elle venait de quitter. Ici, tout le monde semblait se connaître, et la gardienne l'avait volontiers renseignée sur les autres habitants de la copropriété. Un dentiste, un agent immobilier, une femme professeur, une infirmière, professions et quartier apparemment paisibles, elle se trouvait décidément très bien dans son nouveau domicile.

Dans l'immeuble voisin, un diplomate venait de s'installer, et la gardienne, qui aimait décidément beaucoup raconter toutes les histoires du voisinage, l'avait informée que grâce à lui et à ses relations, on avait fait partir les prostituées qui, auparavant, sillonnaient le quartier la nuit. La rue était certes un peu sombre, mais heureusement un lampadaire venait d'être installé au bas de son immeuble.

Elle partait tôt et rentrait tard : sa grande disponibilité professionnelle était connue. Elle était substitut au parquet de Paris et venait d'avoir trente ans. Une fois par mois, durant toute la semaine, elle assurait comme ses collègues la permanence chez elle de 19 heures à 9 heures du matin. C'était assez usant à la longue, car il ne se passait pas une nuit sans qu'elle fût appelée.

Plusieurs fois par semaine, réveillée en sursaut, elle devait se rendre avec les officiers de police judiciaire dans un appartement sombre, ou une ruelle mouillée de pluie, pour contempler dans le froid un cadavre blafard en attendant l'arrivée des fonctionnaires de l'identité judiciaire qui relèveraient les empreintes et prendraient les photos. Elle s'interrogeait souvent sur l'utilité de sa présence immédiate sur le lieu de découverte d'une victime décédée de mort violente, même si, peu à peu, elle avait appris à regarder, à bien observer, écouter, et se taire.

Il était considéré comme indispensable que le substitut de permanence soit bien présent lors des premières constatations, et prenne ainsi très rapidement la responsabilité de désigner ceux des policiers qui mèneraient l'enquête avant la saisine du juge d'instruction.

Paris, la nuit, était ainsi devenu pour elle, après quelques années, une succession d'évocations macabres… Une suite de crimes et de violences. Cette rue, se souvenait-elle, ah oui, c'est celle où l'on trouva la jeune fille étranglée dans sa cuisine ; ce parking est celui de l'homme mortellement assommé pour un portefeuille ; cet immeuble près de la Seine, celui dans lequel demeurait la vieille dame ligotée et étouffée par un voleur ; dans cet autre vivait un homosexuel tué d'une balle de revolver par son amant jaloux ; et ce petit square lui rappelait le jeune trompettiste découvert près d'un buisson un couteau planté dans la poitrine pendant la fête de la musique…

Oui, son « Paris la nuit » à elle n'était qu'une succession de souvenirs de cadavres aux regards vitreux et d'évocations de violences mortelles. Elle n'en disait rien à personne, et montrait à ses amis de province la tour Eiffel qui scintillait.

Cette nuit-là, elle fut réveillée à 3 heures du matin. Un jeune homme mortellement blessé par balle était étendu sur un trottoir qui longeait la place de la Porte-Maillot, côté Paris. C'était pour elle. « Nous arrivons dans un quart d'heure. » Elle fut prête en moins de cinq minutes, elle commençait à avoir l'habitude. Bien réveillée, elle songea à ses nouveaux voisins, aux quatre étages, au bruit. Elle voulait ne déranger personne. À pas feutrés, elle descendit avec un peu d'avance… Et elle attendit, sous le réverbère, en fumant une cigarette.

Elle les vit arriver aussitôt. « Ils ont été beaucoup plus rapides que prévu », se dit-elle. Dans la voiture, curieusement, les policiers semblaient se concerter. Elle était un peu surprise. Pourquoi pas la voiture banalisée comme d'habitude ? Pourquoi le gyrophare ? Et pourquoi semblent-ils hésiter ?... Mais il était trop tard. Entre eux, les gardiens de la paix qui effectuaient une ronde, après s'être concertés, envisageaient de l'interpeller. « On leur avait pourtant bien dit que l'on n'en voulait plus ici. »

Elle s'avança, souriante, vers la voiture qui clignotait de tous ses feux, tandis qu'arrivait derrière celle-ci la voiture banalisée qui s'arrêtait, et dont l'officier de police judiciaire lui ouvrait déjà la porte. C'est alors qu'elle comprit, et que, médusés, les gardiens de la paix, qui venaient de prendre la décision de contrôler pour commencer son identité, sentirent au même instant qu'il se passait quelque chose d'anormal.

Ils étaient sur le point de lui dire : « Tes papiers, et on te prévient, si tu continues, on t'embarque, car tu le sais, on vous avait dit "plus ici". » Elle allait leur répondre qu'elle était le procureur de la République de permanence et qu'elle devait se rendre sur le lieu d'un crime... Ils allaient rétorquer, goguenards : « Et nous, on est le pape et on est attendus à Rome. »

La police judiciaire était arrivée juste à temps.

Si la photo est bonne

Le cauchemar l'avait réveillée, le cœur battant. « Madame l'avocat général, vous avez la parole pour vos réquisitions. » Et dans son sommeil, elle avait vu une jeune femme en robe rouge qui lui ressemblait se lever et se taire, littéralement paralysée. Elle s'était trompée de dossier ; elle n'avait pas étudié celui-là ; elle n'avait pas de notes, elle ne pouvait rien dire. Debout, muette, elle regardait les autres, tous ces regards levés vers elle. Elle aurait voulu mourir. Elle avait sursauté et repris connaissance. Ce n'était qu'un cauchemar, seulement un cauchemar, quelle heure était-il ? 8 heures.

L'audience commençait à 10 heures. Elle avait tout le temps. La réalité n'avait aucun point commun avec les épouvantables inventions de la nuit. Elle connaissait son dossier à la virgule près, et l'accusé ne contestait aucun des faits qui lui étaient reprochés. Des vols avec une arme en plastique... S'il n'en avait pas commis vingt, son dossier aurait été correctionnalisé, on l'aurait travesti en vols avec violences, et le parquet aurait oublié l'arme au demeurant de pacotille... Mais vingt hold-up en quelques mois, dans vingt agences différentes, c'était trop.

L'instruction avait été longue : cinq années d'investigations... Il avait fallu regrouper toutes les procédures, car l'accusé n'agissait jamais deux fois dans le même département à l'exception de Paris, où trois vols similaires avaient été constatés.

C'est un officier de police judiciaire plus tenace et plus avisé que ses collègues qui avait pris l'initiative un jour de demander au juge d'instruction de Paris qui « instruisait » sur les trois hold-up parisiens de lancer une recherche nationale en décrivant le mode opératoire singulier de ce grand malfrat d'opérette. « Il est grand et mince, il agit toujours seul et à visage découvert, une cigarette à la main (à l'époque, on fumait partout). Il choisit les agences bancaires les plus petites. Il s'adresse à la

première employée et lui dit en souriant et en déposant l'arme sur le guichet : "Donne-moi les grosses coupures et vite." »
Et elles obtempéraient toujours. Elles en avaient reçu l'ordre et il le savait. L'infraction était commise en quelques minutes. Il n'avait pas de sac et enfournait les liasses dans la doublure de sa veste dont les poches étaient découpées, puis il sortait tranquillement les mains libres en terminant sa cigarette. À la surprise du juge, dix-sept autres vols commis dans des conditions similaires et dans la France entière avaient été répertoriés. Quelques caméras avaient fonctionné, et la même silhouette et le même visage oblong étaient reconnaissables sur les clichés tirés des bandes enregistrées. Mais cet homme ne ressortait pas sur les photos anthropométriques. Il n'avait jamais été condamné.
C'est à l'occasion d'un banal excès de vitesse qu'il s'était fait interpeller. L'arme-jouet était dans le vide-poche et avait intrigué l'un des fonctionnaires de police. Curieusement, l'homme avait aussitôt tout avoué, les vingt agressions, les agences, les dates et les butins, et sa justification, évidente : « Quand je n'avais plus d'argent, j'allais à la banque. »
Il avait invoqué, pour justifier ses actes, un passé laborieux, la petite entreprise qu'il avait montée avec courage mais quelques mauvais contrats et plusieurs débiteurs défaillants qui l'avaient mis en grande difficulté. Il avait raconté la banque qui, soudain, lui coupa tout crédit, les chèques refusés, l'URSSAF insistante, le dépôt de bilan. Il avait expliqué les dettes accumulées et la vie impossible, et sa décision, pour survivre, d'aller chaque fois qu'il en avait besoin, simplement, « à la banque ».
Le juge avait obtenu le dessaisissement de tous ses collègues de province, et l'affaire allait enfin être jugée par la cour d'assises de Paris. Une seule journée était prévue pour des débats présumés faciles. Des aveux, pas de blessures, quelques témoins, un expert psychiatre. Elle pensait requérir en fin d'après-midi. L'avocat de la défense était un pénaliste chevronné et redouté du ministère

public, car il savait séduire tous les jurés. Émouvant plus que brillant, familier plus qu'éloquent, il s'exprimait avec une grande simplicité et un bon sens rassurant. Il s'attachait réellement à chacun de ses clients, et son empathie avec l'être qu'il défendait et au nom duquel il parlait était perceptible. Il était de ce fait terriblement efficace. Les jurés se sentaient de plain-pied avec lui, il parlait et sentait comme eux.

L'avocat marchait lentement dans le long couloir qui menait aux dépendances de la cour d'assises. La jeune substitut cheminait aussi, pesamment, chacun d'eux tirait son lourd dossier dans une valise à roulettes. Il était souriant, elle était retenue. En réalité, depuis les songes de la nuit, elle se sentait mal à l'aise. Peu expérimentée (elle connaissait bien la pratique de la correctionnelle, mais c'était la première fois qu'elle allait soutenir une accusation aux assises), elle aurait préféré ne pas se trouver confrontée à ce défenseur redouté.

Ils se saluèrent, et il lui dit, comme en s'amusant : « Avez-vous déjà vu l'accusé ? » Elle balbutia qu'elle avait vu les photos des caméras des banques. « Cela ne compte pas, on le distingue à peine… Vous allez voir, c'est un très joli garçon. » « Je ne vois pas l'intérêt de tout cela, pensait-elle, que m'importe le physique de cet accusé, j'ai hâte que nous en finissions. » Mais elle voulut donner le change, et montrer sa fausse décontraction et son sens de l'humour à l'avocat trop sûr de lui. Elle, l'avocat général novice et tétanisée, se mit à chantonner le tube de Barbara, et l'avocat leva la tête. « Si la photo est bo-o-onne, qu'on m'amène ce jeune ho-o-omme. » L'avocat sourit. Ils étaient arrivés devant l'« entrée des artistes », la porte réservée aux témoins, aux jurés, et aux professionnels. Les débats allaient commencer.

Tout se passa excellemment pour l'accusé. Il reconnaissait tout avec une humilité convaincante. Son mobile : « Je n'avais plus rien », et son contentieux avec les banques : « Elles m'ont ruiné », impressionnaient visiblement les jurés, dont il n'était pas exclu

que pour certains les comptes étaient à découvert. Les dépositions des employés avaient été excellentes pour la défense. « Avez-vous eu peur en découvrant l'arme ? » interrogeait le président. « Pas du tout, tout fut si rapide, nous avons l'ordre de ne pas résister, et il n'avait pas l'air méchant. » Seul l'avocat des banques constituées parties civiles semblait outré de la tournure que prenaient les débats d'audience, tandis que l'avocat de la défense ronronnait.
Quant à elle, elle sentait, avec stupéfaction, glisser, presque palpable, un grand courant de sympathie entre les jurés et cet homme qui leur ressemblait tant. « Si cela continue, ils vont lui donner la Légion d'honneur », fulminait-elle en silence... Elle allait devoir se lever pour prendre ses réquisitions. Elle avait peu de choses à dire. Tout était établi. Rien n'était contesté. Mais elle ne voulait pas que l'accusé fût condamné, pour vingt vols avec arme, comme s'il avait commis un vol de parfum une seule fois dans un grand magasin. Les cinq années déjà effectuées dans le cadre de sa détention provisoire devaient être « couvertes », cela lui paraissait justice. Alors elle réussit à lever quelque peu la solidarité qu'elle avait sentie naître entre la cour et l'accusé : « N'oubliez pas, proclama-t-elle, n'oubliez jamais, Mesdames et Messieurs les jurés, qu'en agissant comme il l'a fait, l'accusé s'est procuré en quelques minutes ce que nous tous, vous comme moi, mettons des mois, en travaillant toute la journée, à gagner péniblement. »
En entendant cela l'avocat de la défense avait sursauté et son mécontentement était visible. Puis il avait plaidé. Il avait insisté, son client devait sortir le soir même, sa détention avait été infiniment trop longue. Tous avaient été entendus. Le verdict n'avait surpris personne : cinq années d'emprisonnement. La peine avait déjà été effectuée. Il allait être libéré.
Il était très tard, et la démarche de l'avocat et de l'avocat général était encore plus lente que lors de leur rencontre du matin. Leurs

valises et surtout leur fatigue les entravaient. Au demeurant, ils n'étaient plus pressés. Ils parlaient, et semblaient satisfaits l'un comme l'autre de la décision, ce qui est assez rare. « Votre client, je le suppose, n'est pas mécontent puisqu'il va sortir demain », dit-elle. L'avocat s'amusait : « Oui, je viens de lui parler, il est tout à fait satisfait, et savez-vous pourquoi ? Savez-vous ce qu'il vient de me dire ? » Elle attendait. « Il m'a dit qu'il avait été condamné à une peine juste, mais surtout, avec une adversaire, Madame l'avocat général, une adversaire… très jolie. »

Si la photo est bonne…

Un crime sanglant

Encore un appel nocturne, encore un cadavre sanglant, encore une traversée de Paris solitaire au volant de la vieille berline du parquet... L'immeuble datait des années 1970 et se dressait au cœur du XVIIe arrondissement de Paris. Le commissaire du quartier des Batignolles n'avait que peu de renseignements à communiquer au magistrat de permanence lorsqu'il lui avait téléphoné : « C'est un homme âgé d'une soixantaine d'années. Il y a du sang partout. Il vivait seul et la concierge a ouvert la porte à la demande du voisin qui s'inquiétait de ne pas l'avoir vu depuis trois jours ; ils ont découvert son cadavre il y a une heure. »

La jeune femme substitut, chargée, depuis un mois, de la section dite « des crimes et des délits flagrants », avait demandé par précaution à un observateur de la brigade criminelle de la rejoindre sur place. Il pourrait réfléchir avec elle, après avoir visité les lieux, et l'aider à choisir le service le plus apte à effectuer efficacement l'enquête.

Si l'affaire était simple en effet, elle pouvait se contenter de « saisir », c'est-à-dire de confier la maîtrise des investigations à un service local de police judiciaire. S'il s'agissait en revanche d'une affaire manifestement complexe, sans indices apparents, ou avec des risques de fort retentissement social et médiatique, il pouvait s'avérer opportun de monter d'emblée au plus haut en choisissant la prestigieuse brigade criminelle du « 36, quai des Orfèvres ».

Ce pouvoir est loin d'être anodin : une affaire se résout ou se gâche irrémédiablement dans les premiers jours, selon la qualité de la conduite des constatations et des investigations immédiates, tous les enquêteurs de police et de gendarmerie, tous les magistrats du parquet et les juges d'instruction le savent bien.

L'observateur était arrivé avant elle. C'était la première fois qu'elle le rencontrait. Le commissaire, au sortir de l'ascenseur, lui confirma disposer de peu d'éléments, et elle pénétra à sa suite dans un grand appartement triste. De la chambre à la cuisine, des W.-C. à la salle de bains, de longues traînées brunâtres de sang séché maculaient la moquette sale. On pouvait parcourir rétrospectivement le sinistre trajet accompli par une victime blessée avant sa chute sur le sol, près du lit qu'elle avait manifestement voulu atteindre avant de s'effondrer. L'observateur regardait et ne disait rien.

Le voisin qui avait alerté le gardien était là, ployé sur une chaise, accablé, car il avait précisé d'emblée que l'homme décédé était une de ses connaissances, avec qui il entretenait des relations amicales. Il avait des choses intéressantes à dire, et le substitut lui parla doucement, avec le commissaire, dans la cuisine. L'observateur ne disait toujours rien. Le voisin avait entendu des éclats de voix trois jours auparavant vers 11 heures du soir. La victime recevait assez souvent des amis, précisait-il, et chez lui on buvait beaucoup.

Quelques documents avaient été retrouvés sur la table de la salle à manger poussiéreuse et en grand désordre et permettaient de mieux connaître la situation de la victime, qui avait laissé traîner des courriers révélant qu'il ne payait plus depuis plusieurs mois son loyer et les charges, et que son compte bancaire était à découvert. Rien ne semblait avoir été volé, et un porte-monnaie contenant quelques billets était abandonné sur la table de la cuisine.

Le substitut constata avec le commissaire que l'on avait emporté l'arme du crime, et le concierge précisa que la porte avait simplement été tirée par le ou les agresseurs, d'ailleurs la clé était toujours dans l'appartement. Personne ne connaissait d'ennemi à ce retraité impécunieux et solitaire. « Une beuverie qui a mal tourné », suggéra le commissaire. « Mais quelle sauvagerie, observa la jeune substitut, ils l'ont poursuivi dans tout l'appartement et l'ont vu se vider de son sang. » L'observateur

restait silencieux. Il était un des plus anciens de « la crim' », et son demi-sourire, mi-ironique, mi de commisération, en entendant son commentaire sur la sauvagerie des meurtriers, agaça le magistrat.
Elle savait que son pouvoir discrétionnaire de choix des enquêteurs, bien qu'inscrit dans le code de procédure pénale, exaspérait parfois ces messieurs de la brigade criminelle, qu'il n'était pas question de mobiliser pour des vétilles. Alors elle décida de montrer au vieux policier goguenard que c'était elle la détentrice de l'autorité : « Je saisis votre brigade, je le confirme immédiatement à l'état-major. » Alors lui, qui n'avait pas prononcé un mot depuis son arrivée, lui dit froidement : « Puis-je vous suggérer autre chose ? » Sa tranquillité et son assurance impressionnaient malgré elle la jeune femme. « Nous ne sommes pas nécessairement à quelques heures près. Faites d'abord effectuer l'autopsie en urgence, et nous verrons. »
Bien que toujours un peu vexée, elle consentit à différer le choix de la « saisine » au lendemain. Par chance, le médecin légiste était très rapidement disponible. Dans l'ascenseur étroit, elle demanda une explication à l'observateur. Il consentit à lui communiquer, toujours aussi tranquille et sûr de lui, son analyse lapidaire : « Vous avez vu le nombre de bouteilles vides dans la cuisine ? La victime était manifestement un grand alcoolique. Je pense qu'il n'y a pas de crime. Il est mort de mort naturelle, c'est une hémorragie digestive, j'ai vu aussi du sang autour de sa bouche, les alcooliques ont souvent des problèmes de coagulation. »
À 11 heures le lendemain matin, le médecin légiste téléphona à Madame le substitut : l'autopsie confirmait l'absence totale de traumatisme et la cause exclusive de la mort, une hémorragie digestive.

Chapitre 4

Le juge n'a pas le temps

Selon qu'il sera affecté dans une petite ou une grande juridiction, le magistrat débutant n'aura pas la même existence. Mais, dans tous les cas, il sera confronté d'emblée à une avalanche de dossiers et de procédures impliquant une surcharge de travail chronique qu'il va apprendre à gérer à sa manière : bâcler par nécessité, laisser aux collègues plus consciencieux le travail qui lui incomberait normalement, ou décider de ne plus connaître d'horaires simplement normaux (j'entends par « normal » évidemment beaucoup plus que 35 heures par semaine). Généralement, durant toute sa carrière, le juge découvrira la même situation de pénurie.

Dans ces conditions, la plupart des magistrats s'imposent de renoncer à une existence simplement normale. Malheureusement, hormis leurs collègues qui vivent la même situation ainsi que leurs proches qui la subissent par ricochet, personne ne le sait. Cela seul est déjà en soi parfaitement choquant : comment travailler bien dans de telles conditions ? Quelle justice de qualité peut être rendue à 2 heures du matin ? Comment un substitut peut-il gérer correctement dans la même journée une centaine de gardes à vue ? Comment un président ou conseiller à la chambre de l'instruction peut-il examiner convenablement quinze dossiers d'appel de refus de mise en liberté en une ou deux journées ? Et comment un substitut épuisé et conscient que le tribunal attend avec impatience peut-il entendre dans des conditions simplement dignes un gardé à vue déféré devant lui ? Quel mépris pour la justice et surtout pour le justiciable, quelle inhumanité ainsi provoquée quotidiennement !

Le récit « Une journée épuisante (ou le dialogue impossible) » illustre authentiquement cette triste réalité. Et ce qui est également difficile à admettre (même si c'est beaucoup moins tragique), c'est le fait que les magistrats consciencieux qui passent le plus clair de leur existence au palais de justice puis chez eux dans l'étude de leurs dossiers sont trop rarement, au niveau de leur carrière, bénéficiaires d'avancements en relation directe avec ce grand « dévouement au service »... Ce constat explique peut-être l'attitude du substitut racontée dans « Le réveil en sursaut ».
Je sais malheureusement que ce constat, « le juge n'a pas le temps », est toujours de totale actualité. La seule juridiction pénale qui permet encore aux magistrats de préparer convenablement l'examen des dossiers avant les audiences, puis de les juger dans des conditions correctes, c'est la cour d'assises. Et voilà qu'il est question de la limiter aux affaires criminelles les plus graves et aux procédures criminelles évoquées en appel ! Réduire donc cette « justice de luxe » à la norme, c'est-à-dire limiter l'importance du contentieux qui fonctionnait le mieux, c'est tout simplement consternant.

Le réveil en sursaut

Sa vie ronronnante, au parquet de Paris, lui convenait parfaitement. Il avait totalement oublié le substitut actif et enthousiaste qu'il avait été lorsqu'il s'était retrouvé affecté, pour son premier poste, au parquet du tribunal de grande instance de X. Sa désillusion avait été rapide. Le parquet de X. ne comprenait alors que cinq substituts pour « un tribunal à cinq chambres ». C'était beaucoup trop peu. En réalité, théoriquement ils étaient six... mais la sixième substitut était, depuis plus de dix mois, totalement invisible, du fait d'un congé de maternité prolongé. Elle n'avait jamais, malgré les supplications du procureur et les promesses des services judiciaires, été remplacée.
Le procureur général – un magistrat sévère quelque peu misogyne et redouté de tous – ironisait : « Voilà le résultat de l'arrivée des femmes dans la magistrature. » En attendant, ils devaient tous les cinq assurer le travail de six. Tous les cinq... pas exactement... Un de ses collègues, en effet, qui connaissait beaucoup de monde, passait son temps au ministère et préparait sa mutation.
C'est dans ces conditions que le substitut novice avait découvert une réalité pour lui assez catastrophique. Les permanences, un week-end sur cinq, durant lequel il fallait demeurer « au palais » toute la journée, n'avaient pas été aisément supportées par sa jeune femme, qui n'aimait ni la solitude ni le jeune mari épuisé qui la retrouvait chaque soir. Elle détestait encore plus les « réveils en sursaut » provoqués par les gendarmes qui venaient de découvrir la victime d'un homicide, ou le corps d'une personne décédée d'une cause suspecte et non élucidée.
Les instructions du procureur étaient impératives : « En ces cas-là, vous devez vous déplacer. » Et c'est ainsi qu'un jeune homme mal réveillé et alors peu au fait, en dépit d'une scolarité théorique, des rudiments élémentaires de police technique et scientifique, et de

conduite des investigations criminelles, prenait la décision, sous l'œil goguenard de vieux gendarmes, de « saisir » pour effectuer la suite des investigations un service de police ou de gendarmerie plus ou moins spécialisé, une brigade nationale ou un service départemental, choix parfois inopportun, car il suppose une bonne perception, et rapide, de la plus ou moins grande complexité de l'affaire, et cela ne s'apprend dans aucun livre.

Il était consciencieux, et la perception lucide de son incompétence « sur le terrain » le rendait malheureux. Il se sentait acteur d'une sorte d'imposture. Il rentrait chez lui épuisé, gelé, après des attentes prolongées auprès d'un cadavre livide, et il retrouvait une jeune compagne exaspérée qui lui disait qu'elle était fatiguée car elle n'avait pas pu se rendormir. Le lendemain matin, il repartait, épuisé et docile, vers le palais de justice, car la « récupération » était alors totalement inconnue du monde judiciaire.

N'ayant pas pu dormir, malgré sa jeunesse, il ne dominait pas vraiment la journée qui suivait. Des piles de procédures l'attendaient, on appelait cela « le courrier », et soudain, l'un de ses collègues, aussi jeune que lui, nommé dans sa première affectation juge d'instruction, lui réclamait d'urgence un réquisitoire supplétif qu'il devait rédiger à la hâte, sans avoir le temps de lire l'intégralité du dossier, car il était « d'audience » le même après-midi. Il n'avait pas non plus le temps de déjeuner. Les procédures étaient déjà empilées sur son bureau. Des affaires audiencées dont il ignorait tout. Très vite, il les examinait. Heureusement il maîtrisait depuis longtemps la lecture rapide, et ne s'en sortait pas trop mal.

Mais soudain, vers 15 heures, il voyait arriver un autre substitut, manifestement contrarié. « Il faut que tu me prennes les comparutions immédiates, je dois aller immédiatement sur un crime, et c'est à 35 kilomètres. J'en ai pour au moins deux ou trois heures. » Alors il demandait une suspension d'audience. Et il interrogeait à la hâte, à la place de son collègue « empêché », trois individus interpellés la veille en flagrant délit de quelque chose pendant

que le tribunal attendait. À son retour, le président et ses deux assesseurs lui faisaient grise mine. Il avait été trop long.
Il était de plus en plus fatigué, et sa jeune femme menaçait de le quitter. Il avait renoncé provisoirement à la musique, et les partitions de Chopin s'entassaient sur son piano qui prenait la poussière. Tous les samedis et les dimanches durant lesquels il n'était pas de permanence, il s'installait à la table de la salle à manger avec une autre pile : celle des dossiers d'instruction qui attendaient son réquisitoire écrit, le « réquisitoire définitif ». Et il rédigeait, il rédigeait, alors que sa compagne voulait en vain l'entraîner vers un cinéma afin d'aller voir avec lui le dernier film dont on parlait. Elle s'y rendait seule. Elle en avait assez. Un jour, elle était partie. Et c'est ainsi qu'il avait décidé de changer d'existence.
Bien noté, il avait d'emblée obtenu, au bout de ces trois années de bagne, sa mutation comme substitut au prestigieux parquet de Paris. Il y avait découvert un monde totalement différent, et des moyens d'action incomparables... À Paris, le parquet était « spécialisé », et comprenait des chefs et des sous-chefs, une hiérarchie rassurante, il n'avait pratiquement plus aucun pouvoir de décision. Au-dessus de lui, un « premier » substitut, puis un « chef de section », puis un « procureur adjoint », et, tout en haut, le tout-puissant procureur de Paris.
Carrément dans les limbes, le procureur général, et, sur l'Olympe, la Chancellerie... Le bonheur : il n'avait plus peur. Il était intégré dans l'armée et le clergé tout à la fois. Il était totalement protégé. Il allait devenir paresseux. Il ne se proposa pas pour la section « des crimes et des délits flagrants ». Il avait sur ce point assez de souvenirs, et cette section, étant considérée par ses collègues plus ambitieux comme un tremplin, ne manquait pas de candidats.
Il ne sollicita pas davantage un poste d'avenir au sein de la prestigieuse quatrième section dite « de la presse ». D'ailleurs on ne la

lui proposa jamais. C'était le domaine réservé des substituts les plus brillants et les plus ambitieux, ce qui n'est pas incompatible, mais n'était pas vraiment son cas. Il était plutôt connoté « besogneux ». Et c'est ainsi qu'il se retrouva, comme les policiers maladroits ou novices, à « la circulation ». Le contentieux du tribunal de police. Les contraventions et les infractions mineures de la « cinquième classe ». Le premier substitut qui avait la responsabilité du service attendait beaucoup de lui. Il fut déçu.

Il s'était remis au piano, et avait fait une nouvelle rencontre, une jeune femme divorcée et son petit garçon âgé de cinq ans, avec lequel il s'entendait bien. Sa vie était rythmée. Il arrivait au palais à 10 heures. Il en repartait, ponctuellement, à 18 heures. Il assurait son service minimum. Il percevait autour de lui les ambitions et les querelles, il avait vent des tractations souterraines pour l'attribution de « dossiers signalés » et de postes très convoités de « chef de section », mais cela lui était devenu totalement indifférent. Assez mal noté du fait de sa disponibilité jugée moyenne dans ses notations annuelles (ce qui voulait dire en réalité « totalement insuffisante »), il ne se voyait plus proposer de nouvelle affectation et n'en sollicitait aucune. Mais il faisait de grands progrès dans ses études de Chopin.

Il n'assurait plus qu'une audience par semaine. Les autres jours, de 13 heures à 14 heures, il s'endormait paisiblement dans son bureau. Personne, jamais, ne le dérangeait. Mais ce jour-là, on cogna à sa porte, vers 12 h 45, juste avant son glissement béat vers sa sieste quotidienne. Le substitut qui devait assurer l'audience de la dixième chambre correctionnelle était malade, et l'on n'avait trouvé que lui. « Mais je ne connais rien de l'audience. » « Eh bien vous direz "application de la loi" », lui avait rétorqué, avec un mépris perceptible, Madame la secrétaire générale du parquet, excédée par ce collègue inerte et totalement dépourvu d'ambition. Alors il avait enfilé sa robe et s'était installé sur la petite estrade de la correctionnelle, à la place du ministère public… et il s'endormit, paisiblement.

Soudain, dans la brume, un appel parvint à ses oreilles, un appel insistant : « Monsieur le procureur ! Monsieur le procureur ! » Mais il n'entendit pas la suite de la phrase, c'est-à-dire « vos réquisitions ! » car, du plus profond de son sommeil, il s'était déjà redressé, réveillé en sursaut, et d'une voix sonore, en pleine audience, il s'écria : « Entrez ! »

Une journée épuisante (ou le dialogue impossible)

Le soir tombait. Personne ne pourrait me croire, songeait le substitut, personne. Je viens de lire encore un article égratignant les fonctionnaires peu courageux dont nous, les magistrats. Et je suis mort de fatigue. Dès que j'arrive chez moi, je dors.

Cette journée avait mal commencé. Une manifestation, la veille, avait dégénéré. Tout à la fin du défilé, des casseurs, des voleurs, les visages recouverts d'écharpes, avaient brisé quelques vitrines. Auparavant, des militants ou des perturbateurs avaient jeté des pierres sur les forces de l'ordre qui avaient réagi... ou qui avaient commencé, les versions s'opposaient selon que les témoins étaient policiers ou manifestants. Violences, vols, dégradations, rébellions, les procédures tournaient dans la tête du jeune magistrat qui n'avait pas pu déjeuner. L'audience de l'après-midi avait été houleuse, lui avait-on rapporté.

Dès les interpellations, les premières protestations des avocats lui avaient été directement adressées : « Comme d'habitude, on arrête simplement ceux qui courent le moins vite », et il savait que c'était peut-être vrai, mais que l'on peut aussi être à la fois violent ou voleur et peu doué pour la course à pied. Il fallait donc avant tout analyser froidement tous les témoignages et tenter de reconstituer ce qui, dans la confusion, s'était réellement passé. Il avait tenté de le faire. Les mis en cause étaient nombreux. Il fallait rapidement qualifier les faits et entendre les intéressés, puis transmettre les dossiers qui semblaient clairs au tribunal, qui n'aimait pas attendre.

En fin d'après-midi, le substitut avait pu examiner les autres procédures arrivées entre-temps. C'étaient les dernières... encore deux, et il pourrait partir. Il était tard. Quand le gendarme de l'escorte enleva les menottes du mis en cause déféré, le substitut lisait encore le dossier de celui-ci, et il l'interrogea sans même lever la tête : « Vous vous appelez Diallo... » l'homme l'interrompit : « Non. » Le substitut soupira et reprit sa lecture à haute voix en examinant le casier judiciaire de l'intéressé : « Je sais, vous êtes aussi Mamadou... » « Non », encore. Il haussa les épaules. « Naturellement, puisque je vois que, à chacune de vos interpellations, vous avez donné, en cinq ans, de multiples identités avec quinze alias différents. Tenez, il y a juste un an, vous avez comparu ici même, sous le nom de Traoré cette fois. » « Non », rétorquait toujours son interlocuteur. Le substitut soupirait : « Ne vous fatiguez pas, vos empreintes digitales, elles, sont toujours les mêmes, et quoi que vous disiez, il s'agit bien de vous. Là, jc vois que l'avant-dernière fois, vous vous nommiez Koulibali. Vous êtes malien et... » Face à lui, l'homme protestait à nouveau : « Non. »

Excédé par tant de mauvaise foi, le substitut leva la tête. Et il le vit. Un Chinois était face à lui. L'escorte lui avait présenté M. Tcheng, tandis que M. Diallo attendait sagement dans le couloir.

Le bon conseil

Les réputations sont parfois usurpées. Celle du président de la xième chambre correctionnelle de Paris ne l'était pas. Il était toujours terriblement pressé. Il menait ses audiences au pas de charge. Lorsqu'il siégeait en correctionnelle en « juge unique », c'est-à-dire pour juger les délits les moins graves, il parvenait, entre 9 heures et 12 h 30, à évoquer, quel que soit leur nombre, toutes les affaires inscrites au rôle, et de ce fait les services de l'audiencement avaient tendance à affecter le maximum de dossiers à sa chambre, dont les statistiques d'« affaires jugées dans l'année » étaient exceptionnelles.

Le président ne protestait jamais. Il savait être expéditif. Il ne tolérait pas que l'on dise que la justice était lente et se refusait à accorder aux avocats le moindre renvoi, quel que soit le motif invoqué par le conseil du prévenu ou de la partie civile.

Il ne donnait jamais la parole aux victimes, car cela constituait pour lui une perte de temps inutile, et il grognait quand elles décidaient de se constituer partie civile, c'est-à-dire de demander des dommages et intérêts, car les débats allaient s'en trouver prolongés. Si par malheur la victime n'était pas assistée d'un conseil et ne savait comment formuler sa demande d'indemnisation, il la rabrouait durement en regardant sa montre. Le procureur savait qu'il devait se cantonner à une proposition de peine tenant en quelques mots.

Le président supportait aussi difficilement les trop longues plaidoiries, et les avocats le savaient bien. Plus on faisait court, plus on avait de chances d'obtenir de lui une attitude affable... Mais cela ne voulait pas dire que la défense avait pour autant gain de cause. Autant que de perdre son temps, le président détestait « relaxer », et pour lui mieux valait prononcer une condamnation symbolique que de déclarer l'innocence. Il n'aimait pas rédiger, et sa motivation, intégrée dans les « maquettes » des ordinateurs,

était toujours la même et lapidaire : « Il résulte de la procédure et des débats que la culpabilité de M. A. est parfaitement établie. »
Me X. était accablée. En dépit de sa jeunesse et de son peu d'expérience en matière pénale, c'était une avocate sérieuse qui faisait preuve, dans l'exercice de son activité professionnelle, à la fois de rigueur et de scrupules. Son client, pensait-elle, n'aurait jamais dû être poursuivi, pour plusieurs raisons : les actes accomplis par les enquêteurs lui semblaient manifestement incomplets, les preuves retenues par le parquet totalement insuffisantes, et tous les éléments constitutifs de l'infraction n'étaient pas réunis, donc une relaxe s'imposait.
« La procédure est bâclée, et avec ce président, l'audience va être expédiée, mon client n'a aucune chance ; même pour ce délit d'importance relative, il n'est pas normal qu'il soit ainsi condamné d'avance. » Elle était irritée de constater ainsi son impuissance et de pressentir ce qu'elle considérait comme une injustice à venir pratiquement inéluctable...
C'est alors qu'elle pensa à demander conseil à une amie, avocate pénaliste d'expérience : « Que ferais-tu dans un cas pareil ? » Son amie, entendant le nom du président, n'hésita pas une seconde : « Si tu fais ce que je te conseille, la relaxe est assurée. » Elle poursuivit, tranquille et souriante : « Tu développes tous tes moyens par conclusions écrites. Surtout, n'oublie rien, et si tu en as, cite la jurisprudence. Tu vas voir, il va faire une drôle de tête, ne te laisse pas impressionner. Il déteste rédiger et veut avant tout "aller vite"... Or tu sais que le juge a l'obligation, même en correctionnelle, de répondre dans son jugement à tous les arguments présentés par la défense dès lors qu'ils ont été soulevés par conclusions écrites. Je parie qu'il choisira de gagner du temps et décidera, même à contrecœur, de relaxer ton client, tu verras. »
Ce qui fut dit fut fait. Le client de Me X. fut relaxé, et le président, manifestement très contrarié, ajouta d'un air rogue : « Au bénéfice d'un tout petit doute... »

Chapitre 5

La vérité judiciaire

Qu'est-ce que la vérité judiciaire ? C'est celle qui ressort de l'enquête et des débats, celle qui, en définitive, va se trouver inscrite, au terme des audiences, après d'interminables plaidoyers (ceux de la défense comme ceux des parties civiles et de l'accusation), par la décision des juges. C'est cette décision, d'innocence ou de culpabilité, qui va cristalliser une vérité : la vérité judiciaire.

Celle-ci n'est pas pour autant inscrite dans le marbre : heureusement pour le capitaine Dreyfus... Mais elle va devenir, définitivement, sauf révision (rare, l'affaire Dreyfus, précisément, constitue une illustration de la difficulté éprouvée par la justice, qui mit de très longues années à reconnaître son erreur), la vérité des juges, et... celle du peuple français au nom duquel elle est rendue. Là se situe le paradoxe.

Aujourd'hui, il est devenu normal de contester la vérité judiciaire. Je vais faire hurler les Gilles Perrault et autres journalistes et académiciens autoproclamés enquêteurs ! Sous couvert du calvaire subi par le malheureux capitaine Dreyfus, victime de manœuvres honteuses d'une justice militaire dévoyée, certains criminels définitivement condamnés se trouvent proclamés innocents par l'opinion publique elle-même convaincue par quelques écrivains et journalistes, et ce, en opposition à la vérité judiciaire. Guillaume Seznec, Christian Ranucci, Omar Raddad en constituent quelques exemples parmi d'autres.

Il est intéressant de constater que le public est absolument persuadé non seulement du fait qu'ils sont innocents et furent tous victimes au départ d'erreurs judiciaires, mais également (à l'exception de Christian Ranucci, dont chacun sait qu'il fut condamné à mort et exécuté) que la justice les a finalement acquittés et a reconnu son erreur… Alors qu'en réalité, Omar Raddad et Guillaume Seznec furent et sont toujours aujourd'hui définitivement condamnés. Ils bénéficièrent d'une grâce, ce qui juridiquement est tout à fait différent.

La justice des hommes n'est pas infaillible. La place de l'aveu, qui ne constitue cependant qu'un élément de preuve parmi d'autres, reste déterminante. Ce que j'ai voulu illustrer, ou plus exactement ce que certaines affaires m'ont révélé et que j'ai retenu dans quelques anecdotes, c'est cette difficile et parfois impossible conciliation entre le respect absolu des droits de la défense et la loyauté du débat judiciaire…

L'accusé en France a le droit de mentir, il ne prête pas serment avant de s'exprimer devant ses juges. Son avocat est libre de choisir, en accord avec son client, n'importe quel système de défense. Mais jusqu'où peut-il aller ? « L'aveu » révèle bien comment, soudain, une vérité exprimée tardivement par un accusé peut provoquer l'écroulement de toute une défense patiemment construite. « N'est-ce pas, Maître ? » souligne quelle est la frontière à ne pas franchir pour l'avocat, le témoignage manipulé qui, dans d'autres systèmes (aux États-Unis, par exemple), est parfaitement toléré. « Le contrat », enfin, illustre le fossé béant entre l'interprétation toute personnelle de ses droits exprimée par un prévenu et… la loi.

Le contrat

Le lundi matin, à la huitième section du parquet de Paris, dont les magistrats étaient chargés de gérer tous les crimes et les délits flagrants survenus dans la capitale, était particulièrement épuisant. Les dossiers s'étaient accumulés durant tout le week-end, et le substitut, qui n'était pas de permanence la veille, n'en connaissait pas une ligne. Il devait découvrir et décider, en un temps limité, quelles procédures devaient être soumises à un juge d'instruction ou au tribunal siégeant en comparution immédiate. Il pouvait aussi prendre la décision de remettre la personne qui se trouvait en garde à vue purement et simplement en liberté, avec une convocation pour une audience qui aurait lieu quelques semaines plus tard.

Il fallait, aussi rapidement que possible, qualifier l'infraction qui avait été constatée, apprécier si les charges étaient suffisantes ou s'il était nécessaire d'envisager des investigations complémentaires. Il fallait lire et comprendre en peu de temps, sans survoler pour autant. Il était parfois nécessaire de convaincre les juges d'instruction qu'une information était réellement nécessaire, ou bien le tribunal du contraire.

Personne n'était content de voir tous ces dossiers déferler, et le substitut pensait que les résistances de ses chers collègues n'étaient pas toujours uniquement motivées par la seule préoccupation d'une bonne administration de la justice. Il était de plus en plus agacé de constater la mauvaise volonté de certains. « S'ils continuent, je devrai bientôt leur proposer de l'argent pour qu'ils acceptent sans rechigner mes procédures », maugréait-il.

Il fallait ensuite faire monter les personnes en attente dans les sous-sols du palais de justice où était situé « le dépôt » jusqu'à son bureau, où il allait les entendre. Mais fréquemment il n'y avait pas d'escorte disponible et le temps passait. Ou bien les avocats de permanence n'étaient pas arrivés, et les prévenus attendaient interminablement, alignés sur les bancs dans le couloir. Ou encore les enquêtes rapides de personnalité étaient bloquées parce qu'un avocat s'estimait à tort ou à raison prioritaire, et le substitut devait gérer un conflit entre le travailleur social chargé des enquêtes et l'avocat impatient. Il était épuisé par avance. Il tendit la main vers la procédure qui se trouvait tout en haut de la pile.

En première page figurait, comme toujours, le compte rendu d'enquête. Là se trouvaient les mentions essentielles relatives à l'identité et aux ressources de la personne présentée au parquet, ainsi que la nature de l'infraction qui lui était reprochée.

Ce lundi matin, la première procédure était tout à fait singulière. « Un client inhabituel », songea le substitut. « Profession, cadre supérieur, un "commercial" aux revenus élevés : 6 000 euros mensuels. » Deux adresses tout aussi peu courantes dans ce type de dossiers : l'une à Tokyo, l'autre à Paris, dans le XVIe arrondissement. L'âge (quarante-cinq ans) était lui aussi supérieur aux âges moyens des délinquants, qui sont généralement plus jeunes. Le mis en cause était marié et père de deux enfants.

Le substitut songeait que ces revenus élevés et ce statut social apparent semblaient incompatibles avec l'infraction retenue, à savoir l'agression à main armée d'une prostituée pour s'emparer de son sac et de la recette de la soirée... « Soit il s'est inventé une existence mythique et rien n'a été vérifié, soit il a un problème personnel et des troubles psychiques, et là non plus rien n'a été relevé. »

Le diagnostic du substitut était prématuré, il allait avant tout entendre l'intéressé. De la procédure, en tout cas, il ressortait que celui-ci admettait avoir rencontré la prostituée, mais contestait toute intention de commettre un vol à main armée, même s'il reconnaissait l'existence d'une arme. Et quelle arme ! un jouet en plastique qui déterminerait la « correctionnalisation » de cette affaire alors que c'était en théorie une infraction criminelle. De plus, le casier judiciaire du mis en cause était vierge.

Avant de faire entrer ce curieux personnage dans son petit bureau, le substitut relut avec attention les déclarations de la victime. Elle précisait avoir pris ce client vers minuit dans sa voiture, pour une prestation minimale rapide modestement tarifée (cela, c'étaient les mots par lesquels le substitut traduisait pour lui-même, la plaignante ne s'étant pas exactement exprimée en ces termes). Soudain, l'homme avait brandi son arme dans la pénombre, arme dont elle ne pouvait imaginer qu'elle n'était pas véritablement dangereuse, et il avait exigé qu'elle lui remette son sac à main. Habituée des lieux, elle savait parfaitement où se trouvaient les policiers qui effectuaient leur ronde, et elle s'était précipitée hors de la voiture vers ceux-ci, qui avaient procédé à l'interpellation immédiate du présumé agresseur. Celui-ci n'avait pas cherché à fuir et se trouvait encore à proximité, dans la rue, manifestement éméché.

Le substitut demanda au mis en cause s'il voulait s'expliquer. Le récit qu'il entendit alors fut totalement surréaliste : « Monsieur le procureur, pouvez-vous me dire ce que je fais ici depuis hier ? Pourquoi l'on m'a enfermé avec des voleurs et des drogués ! (Il était indigné.) Ce que dit cette fille est totalement inexact. Cela ne s'est pas du tout passé comme ça. Hier, quand je l'ai rencontrée, j'étais un peu ivre, c'est vrai. Et je m'étais querellé avec ma femme. J'avais décidé d'aller marcher dans la contre-allée pour me calmer. C'est elle qui m'a abordé, depuis sa voiture, et j'ai eu la faiblesse d'accepter. Après tout, ce n'est pas interdit. Je lui ai donné les 50 euros qu'elle me demandait. Mais après quelques minutes, elle a voulu me jeter hors de la voiture en estimant que cela suffisait, alors que ce n'était pas terminé ! »

Le substitut était stupéfait. Il venait de réaliser avec ahurissement qu'il se trouvait confronté à un litige de nature civile, à la fois classique et totalement inattendu là où il se trouvait, qui portait sur la définition et le contenu exact de l'obligation de la cocontractante du mis en cause : obligation de moyens ou

de résultats ?... Le substitut ne souhaitait pas laisser ce dernier lui préciser davantage sa conception de l'étendue de ladite obligation.
Mais il était impossible de l'arrêter. Il poursuivait : « J'ai donc voulu récupérer mes 50 euros ; elle a refusé ! Alors, comme je me promène toujours avec cette arme factice dans la poche, en cas d'agression, je la lui ai simplement montrée en exigeant qu'elle me rembourse. Au lieu de le faire, elle a appelé la police, vous vous rendez compte ? » Il haussait le ton, sur de son bon droit, de plus en plus indigné, il prenait le substitut à témoin, ainsi que le gendarme de l'escorte, lequel était immobilisé dans une stupéfaction pétrifiée depuis cinq minutes.
« Monsieur le procureur, je vais vous dire une chose. Je ne sais si vous avez l'habitude de voyager. Mais moi, si, et je vis une partie de l'année à Tokyo, au Japon. Eh bien je vais vous dire, la France est en déclin, oui, Monsieur, ce pays court à sa perte. Je ne sais si vous vous rendez compte, mais cette femme n'a pas la moindre conscience professionnelle, et c'est cela qui est parfaitement inadmissible. » Il s'échauffait de plus en plus. « Jamais, Monsieur le procureur, au Japon, une professionnelle ne se comporterait ainsi. Croyez-moi, Monsieur, la France est un pays fini. »
Il reprenait son souffle, croisait les jambes, et l'on s'attendait à le voir sortir un briquet en or et une cigarette afin de continuer confortablement cette conversation à bâtons rompus entre gens de bonne compagnie sur la perte tragique, dans l'hexagone, de la notion du travail bien fait. Il était net, très élégant, à peine froissé par la garde à vue. Hélas, le substitut décida de l'interrompre un peu brutalement et de lui rappeler que personne ne peut résilier un contrat, même mal exécuté, sous la menace d'une arme fût-elle factice. Il lui remit une convocation pour l'audience et le laissa repartir libre vers ses beaux quartiers.
Le tribunal a dû bien s'amuser.

L'aveu

Elle avait choisi de devenir magistrat parce qu'elle croyait en la justice. Une foi quelque peu naïve, enthousiaste, adolescente. Elle était devenue procureur de la République. Plus précisément, substitut du procureur, c'est-à-dire la déléguée permanente de ce dernier, et sa première affectation la conduisait à requérir régulièrement devant la cour d'assises de X., juridiction à laquelle elle avait été affectée deux ans auparavant.

Elle voulait sincèrement convaincre, et argumentait, affaire après affaire, avec une sorte d'acharnement raisonnable, une foi en la vérité inébranlable, et la certitude de mener, chaque fois, le combat juste en faveur du plus faible. Elle oubliait que « la société » qu'elle était censée défendre ne pouvait être confondue avec la victime.

Il avait choisi de devenir avocat parce qu'il voulait combattre et gagner. Un désir de revanche ancien le tenait, nul ne savait pourquoi, car il ne faisait aucune confidence à quiconque, mais il était clair qu'il avait décidé de combattre le pouvoir et les institutions, et qu'il aimait se colleter durement avec ces hommes et ces femmes qui avaient choisi d'être juges ou procureurs et qu'il n'aimait pas. Oui, il éprouvait une sorte d'aversion envers ces personnages suffisants, trop sûrs de leur bon droit, qui avaient l'impudence de prétendre juger tous les autres. Il détestait leur puissance apparente, même lorsque, face à lui, le procureur représentant la société et le juge chargé de décider n'affichaient aucune arrogance particulière.

Le substitut faisant fonction d'avocat général et ce défenseur pugnace avaient à peu près le même âge, pas tout à fait trente ans.

Durant deux jours, la cour d'assises de X. examinait l'affaire des violeurs présumés de la jeune Isabelle. La question qui se posait était simple : avait-elle consenti ? Le récit de la victime, un peu

intimidée et raide lors de sa déposition devant la cour, n'avait pas varié depuis le jour où elle avait déposé plainte. Elle était sortie un samedi avec des amis, dans une discothèque située à une vingtaine de kilomètres de Paris. Ils étaient cinq, deux couples de son âge (elle avait vingt ans) et elle toute seule. Ils avaient dansé, un peu bu, sans excès, et fumé ensemble un seul joint tout à la fin de la soirée, vers 3 heures du matin. Elle avait voulu rentrer, car soudain une grande fatigue l'avait prise, mais ses amis ne souhaitaient pas terminer si tôt la soirée et ils l'avaient abandonnée. Tandis qu'ils se trémoussaient sur la piste de danse, elle se demandait comment faire, car elle n'avait pas de voiture, et en avait vraiment assez. Ils étaient deux garçons à la table voisine, et ils lui souriaient. Ils avaient dansé auparavant en ondulant face à face et agitant les bras sans se toucher pendant deux heures. Ils payaient leur addition et ils la virent un peu désemparée et seule.
À partir de cet instant, les versions respectives des accusés et de la victime s'opposaient. Selon elle, c'étaient les garçons de la table voisine qui lui avaient proposé de la reconduire en la déposant à la station de taxi la plus proche. Selon eux, c'était elle qui leur avait suggéré de finir la soirée ailleurs tous les trois.
Dans le véhicule, elle s'était montrée peu farouche avec l'un des deux garçons et avait flirté avec lui sur la banquette arrière. Ils s'étaient arrêtés sur un parking désert, et elle avait accepté sans hésiter d'aller plus loin, beaucoup plus loin, sous les yeux du deuxième qui ne pouvait, à ce spectacle, résister à sa propre excitation. Elle avait volontiers, à sa demande, recommencé avec lui cette fois, toujours dans la voiture.
Le récit de la victime était radicalement différent. Ils l'avaient conduite dans un parking désert, sans lui demander son avis, et l'avaient traînée dans un terrain vague en menaçant, si elle refusait de les suivre, de l'y abandonner toute seule. Là, chacun d'eux l'avait violée tour à tour, se partageant les rôles, l'un parvenant à l'immobiliser pour permettre à l'autre de la prendre. Ils l'avaient

contrainte à remonter ensuite dans le véhicule et l'avaient littéralement jetée dehors à l'une des portes de Paris en laissant tomber son sac par la portière et en la traitant de pute. Elle pleurait. Elle était parvenue à trouver un taxi et à rentrer chez elle, tremblante, anéantie. Elle s'était douchée, longuement, puis s'était recroquevillée dans son lit, où elle avait dormi près de quarante-huit heures.

Ses amis, inquiets de n'avoir aucune nouvelle et un peu gênés de l'avoir laissée repartir toute seule, téléphonaient sans arrêt, mais elle n'avait pas réagi, malgré les sonneries qui lui parvenaient dans un brouillard diffus. Alors ils s'étaient rendus chez elle, carillonnant jusqu'à ce qu'elle ouvre la porte. Devant son état – elle était silencieuse, inerte, triste –, ils étaient, avec difficulté, parvenus à lui faire raconter ce qui s'était passé. Ils avaient dû insister encore pour qu'elle les accompagne au commissariat de police le plus proche de son domicile.

Devant la cour d'assises, les témoins se succédaient. Les amis des deux garçons décrivaient les accusés comme tout à fait incapables de violer une jeune fille. Les amis de cette dernière affirmaient qu'elle était sérieuse et réservée, et qu'elle n'aurait jamais consenti à une relation sexuelle avec un inconnu, a fortiori deux personnes quasi simultanément. Pas de traces de coups, pas de témoins, un non-lieu semblait s'imposer, mais le juge d'instruction hésitait, et les experts psychiatres, qui ne retenaient pas chez la jeune fille la moindre tendance à l'affabulation, avaient fait pencher la balance.

Il y avait eu aussi un témoin de dernière minute, une jeune femme, l'ex-amie de l'un des deux garçons, qui avait lu le récit de l'affaire dans *Le Parisien*. Elle avait raconté au juge d'instruction qu'une de ses amies avait vécu une aventure similaire avec l'un des accusés, ce qui avait déterminé, selon elle, sa rupture avec lui. Devant la cour d'assises, le récit de ce témoin avait semblé faire impression.

C'est alors que l'avocat de la défense était intervenu pour son « contre-interrogatoire ». Il n'en avait fait qu'une bouchée, et son audition avait constitué par moments, pour ce témoin, un véritable cauchemar. C'était une avalanche de questions-accusations, une suite d'allusions à peine voilées à sa mauvaise foi et à son désir de vengeance envers un accusé dont le seul tort avait été de rompre unilatéralement avec elle, et pour finir une référence à la plainte qu'il allait déposer contre elle pour faux témoignage, dès la fin de l'audience.

La faiblesse de ce témoin tenait au fait que l'amie, dont elle affirmait qu'elle avait été violée par l'un des accusés, avait disparu. Cette jeune fille, une étrangère en vacances en France lors de son « aventure », avait décidé d'oublier cet événement après en avoir fait le récit au témoin, qui avait perdu tout contact avec elle et n'avait pas sa nouvelle adresse.

L'audience de la cour d'assises était sur le point de se terminer. Réquisitions et plaidoiries. L'avocate de la partie civile, désignée par le bureau d'aide judiciaire, avait plaidé bien faiblement. Elle semblait intimidée par la solennité de la cour d'assises, à laquelle elle n'était pas accoutumée.

Madame le substitut, avocat général d'un jour, était, bien au contraire, déterminée et pleine d'une rage contenue. Cette victime qui n'avait pas été réellement défendue était seule et immobile, les épaules repliées en avant, assise sur le banc des parties civiles immobile. Elle avait vécu son audition, en particulier lors des questions posées par le défenseur tonitruant, comme un moment épouvantable.

L'avocat drapé de noir s'était approché d'elle, il était grand, sa voix était puissante, son avancée vers elle presque menaçante. Il l'avait accusée de vouloir en réalité obtenir de l'argent grâce à la commission d'indemnisation des victimes, pour s'acheter peut-être une voiture, suggérait-il. Il lui avait demandé si elle n'avait pas honte de traîner deux garçons qu'elle avait provoqués devant une cour d'assises, juste pour sauvegarder les apparences vis-à-vis de ses amis et de ses proches, ou peut-être à cause des émissions de télévision sur le viol. Il s'était interrogé sur son sommeil : « Comment pouvez-vous vous endormir la nuit et vous regarder dans la glace ? » Il voulait lui faire préciser combien d'amants elle avait eus, et pourquoi elle traînait dans les discothèques et acceptait de monter dans la voiture de deux inconnus à 3 heures du matin. Il l'avait littéralement pulvérisée. Elle avait maintenu ses accusations de plus en plus faiblement, en sanglotant. « Vous pleurez sur vous ou sur vos mensonges ? » criait-il lorsqu'elle s'était effondrée sur le banc de la partie civile après son audition.

La jeune magistrate était indignée, et cette colère la stimulait et lui donnait une véritable force. Son éloquence n'était pas verbeuse, et sa sincérité était totale, ne faisait d'ailleurs aucun doute à personne, tant elle était authentiquement révoltée. Durant une heure, sans reprendre son souffle, elle parla pour la jeune fille silencieuse et accablée. Elle s'adressa aux accusés, longuement. « Quel dommage que vous n'ayez pas eu le courage de lui demander pardon. »

« L'aveu, disait-elle, ce n'est pas seulement un moyen de preuve parmi d'autres. Pour moi l'aveu est essentiel, car il signifie avant tout le respect. Celui de la victime à laquelle on a fait du mal. Celui de la société, à laquelle on accepte de rendre des comptes, courageusement et honnêtement... Et vis-à-vis de vous-mêmes. Avouer, reconnaître, admettre sa culpabilité, c'est assumer. C'est la prise de conscience, l'intériorisation de votre propre conduite, la volonté de ne plus retomber, donc le moindre risque de récidive. »

Elle avait expliqué pourquoi son regard changeait quand l'accusé reconnaissait son acte et justifié que cela la conduisait toujours à minorer la lourdeur de la peine dans ses réquisitions. « Ainsi vous n'obligez pas la victime à se battre encore contre vous, des mois et des années après le viol. Ainsi vous manifestez un respect retrouvé, ainsi vous redevenez digne de pardon. » (Je sais

que ce discours trop « judéo-chrétien » n'est pas de mise, mais je ne puis me retenir, songeait-elle tout en parlant.)
Elle avait été écoutée dans un silence total, malgré, par instants, quelques hochements de tête outrés de l'avocat des accusés. « La parole est à la défense. » L'avocat s'était dressé, immense, imposant, massif, et avait aussitôt violemment pris à partie le témoin, la victime, et Madame l'avocat général. Il avait été excellent, offensif, impressionnant. Mais, pendant ses exhortations, les deux accusés manifestement étaient ailleurs. Ils ne quittaient pas des yeux Madame l'avocat général, dont les paroles poursuivaient leur chemin, lentement, et ils réfléchissaient, simplifiaient à l'extrême et finalement ne retenaient du réquisitoire qu'une signification très simple : « Elle a dit que si nous avions avoué, elle aurait demandé moins. »
Ils ne pensaient qu'à cela, tandis que leur avocat terminait sa péroraison et s'approchait des jurés en les regardant un à un et leur exposait les conséquences inexpiables de l'erreur judiciaire qu'ils allaient commettre si, par impossible, ils retenaient la culpabilité de ses clients.
Ces derniers n'avaient pas écouté un mot de la plaidoirie de leur défenseur. « Accusés, avez-vous quelque chose à ajouter pour votre défense ? » Sans se concerter, ils se levèrent et regardèrent avec espoir le substitut, répondant presque en même temps : « Oui, on veut dire qu'on demande vraiment pardon à la victime. » Leur avocat resta quelques secondes tétanisé, la bouche ouverte, muet pour une fois.
Hélas cet aveu trop tardif ne modifia pas la peine prononcée, qui fut conforme aux réquisitions de Madame l'avocat général.

N'est-ce pas, Maître ?

Le procès touchait à sa fin. Les trois jeunes accusés baissaient la tête, après des débats pour eux difficiles. Ils comparaissaient devant la cour d'assises pour une série de vols à main armée commis deux années auparavant dans quatre stations-service. Les employés les avaient tous reconnus, et leurs dénégations semblaient avoir laissé les juges et les jurés visiblement sceptiques.
Leur avocat leur avait dit qu'il ne fallait rien avouer, et conseillé de persister quoiqu'il advienne dans leur déni : « Nous ne sommes pas en Amérique. Le "plaider coupable", chez nous, sauf pour des délits de moyenne importance, cela n'existe pas, et si vous avouez, la peine n'en sera pas pour autant plus modérée, au contraire. C'est au parquet qu'il appartient de prouver votre culpabilité, et pas l'inverse. » Et il avait ajouté : « J'ai souvent observé que dans le doute, lorsque les accusés nient jusqu'au bout, avec constance et véhémence, les jurés qui décident de condamner quand même, ou qui sont mis en minorité par les autres, ont tendance à atténuer leur doute et leur sentiment de culpabilité en ayant, sur la peine, la main plus légère... donc même si vous ne pensez pas réussir à être acquittés, n'avouez jamais ! »
C'était un avocat pragmatique. Il n'avait pas toujours été si réaliste. Jeune diplômé d'une faculté de province, il s'était inscrit au barreau de Paris en ressentant une immense solitude au milieu de ses élégants jeunes confrères, Parisiens de toujours. Il avait eu beaucoup de difficultés à trouver un patron, qui le rémunérait fort mal en contrepartie des dossiers modestes qui composaient l'essentiel de son cabinet. Ses trois premières années de stage, il les avait vues s'écouler dans d'interminables attentes sur les bancs fatigués des tribunaux d'instance répartis dans toutes les mairies de Paris.
Après tant de trajets en métro, tassée au fond d'un sac, sa robe noire n'était plus qu'un chiffon informe et son rabat était

tout gris. Pendant ce temps, de jeunes gandins, fils ou neveux de bâtonniers, triomphaient au concours de la conférence, le concours d'éloquence des avocats stagiaires au barreau de Paris. Il n'avait pas le temps, lui, de composer de discours ! Parfois, il recevait une commission d'office, une petite affaire de cambriolage renvoyée en correctionnelle. Une envie sournoise l'avait peu à peu envahi. Un jour il s'était octroyé quelques heures de détente. Il était « au palais » depuis deux ans déjà, et il était entré dans la grande salle de la cour d'assises de Paris. Le port de sa robe lui permettait de suivre confortablement les débats, au premier rang juste en face de la cour.

On jugeait ce jour-là une mère infanticide. Il avait reconnu au banc de la défense un jeune confrère qui avait prêté serment le même jour que lui. C'était un secrétaire de la conférence. Il l'avait écouté plaider et avait admiré son éloquence passionnée. La cour suivait avec une attention soutenue le discours de ce jeune orateur aussi élégant que brillant.

C'est cette après-midi-là qu'il avait éprouvé pour la première fois ce détestable sentiment de jalousie ravageur, « pourquoi lui et pas moi ?», car il se savait, aussi bien que son jeune confrère, capable de parler avec aisance. N'avait-il pas, lui aussi, le sens de la formule et l'art de faire partager une émotion, et d'emporter une conviction ? C'est ainsi qu'il avait pris la décision de devenir avocat pénaliste, avait quitté son médiocre patron, et s'était juré que lui aussi plaiderait bientôt devant la cour d'assises, à Paris et ailleurs.

Il avait, pour y parvenir, décidé de privilégier sa clientèle pénale embryonnaire, les commissions d'office. Mais pour stimuler sa désignation par les clients détenus, il avait aussi accepté de rendre quelques petits services... Progressivement, il avait pris quelques distances avec une déontologie devenue pour lui, après quelques années, totalement obsolète. « La fin justifie les moyens », avait-il décidé.

Durant leur entretien, un de ses clients, détenu à Fresnes, lui avait un jour mis carrément le marché en mains : « Maître, peut-on vous faire confiance ? » Il avait senti qu'il fallait surtout ne pas hésiter, et pour rassurer son interlocuteur il lui avait rappelé le caractère absolu du secret professionnel... Mais il ne s'agissait pas d'un secret. Juste de passer une lettre...

De petits glissements en grandes compromissions, il était tombé dans le piège. Il faisait désormais tout ce qui pouvait aboutir à l'élargissement de ses clients, et quelques années plus tard il avait même été vaguement soupçonné d'avoir subtilisé une pièce de procédure dans le dossier de l'un de ses clients (suivi au cabinet d'un juge d'instruction de province), auquel il était reproché d'importer de la cocaïne.

Un jour, l'avocat, en consultant le dossier, s'était étonné auprès de la greffière, puis de la juge, de l'absence de cette pièce fondamentale. La magistrate, juge d'instruction expérimentée, compétente mais quelque peu désordonnée, était victime de sa réputation d'excellence et assurait à elle seule le quart des informations ouvertes dans sa juridiction, et elle ne rechignait pas à la tâche. Souffrant, comme la plupart de ses collègues magistrats instructeurs, de la pénurie de greffiers, elle négligeait de contrôler la bonne tenue des originaux et des copies des dossiers qui s'empilaient autour de son bureau. C'était son talon d'Achille et l'avocat le savait bien.

Cette juge était détestée des grands malfaiteurs. Travailleuse, intelligente, intègre, elle n'était sensible ni aux honneurs ni à la flatterie, et ses interrogatoires fouillés laissaient peu de place aux manœuvres et aux doutes : tout ce qu'elle soupçonnait était soigneusement vérifié par une police judiciaire stimulée par ce magistrat exceptionnellement combatif.

La perte de cette pièce dans le plus lourd dossier de trafic de stupéfiants de son cabinet avait constitué pour elle un véritable séisme. La chambre de l'instruction, en effet, avait annulé la procédure, et le principal suspect été de ce fait élargi. Pour l'avocat, même si rien ne démontrait une quelconque manœuvre de sa part, cette affaire avait marqué le début d'une véritable réputation d'excellence dans le cercle réduit des délinquants professionnels. Chaque matin, son courrier était lourd de lettres de désignation venant de toutes les maisons d'arrêt de France.

La rumeur qui avait un instant circulé quant à la disparition opportune de cette pièce de procédure avait fait long feu, et personne n'avait apporté à l'appui de cette calomnie la plus petite preuve ni osé poser la question à l'avocat directement. La greffière qui assistait le juge à l'époque supposée de la disparition du document avait totalement oublié si elle avait ou non reçu la visite d'un avocat qui aurait pu consulter ce dossier au moment supposé de la disparition de cette pièce qui demeurait un mystère.

L'avocat soupirait. L'audience était interminable. Le président avançait lentement dans sa laborieuse conduite des débats. Il avait choisi de réserver à la toute dernière audience, juste avant les plaidoiries et le réquisitoire, l'audition des témoins dits « de moralité » qui peuvent évoquer la personnalité des accusés et parler de leur existence. Quel que soit le crime poursuivi, les auditions des proches et des parents d'un accusé peuvent attendrir les jurés et modérer la peine.

L'avocat escomptait beaucoup de la déposition de la compagne du principal accusé. Celle-ci était un peu intimidée mais pleine d'une immense bonne volonté pour aider son ami, et elle avait accepté de recevoir chez elle, quelques jours avant l'audience, l'avocat de ce dernier. « Je n'ai pas le droit de vous rencontrer en ce moment puisque c'est moi qui vous ai fait citer, car normalement je ne dois pas parler à un témoin ; je risquerais d'être soupçonné de vous avoir influencée, aussi je préfère vous rencontrer discrètement chez vous et vous dire comment il faudra répondre. » Et la leçon avait commencé.

Elle l'avait bien retenue et déposait docilement : « Oui, il se lève tôt pour chercher un travail, mais avec son passé c'est difficile... » En réalité son ami, l'accusé, se réveillait généralement à 11 heures et disparaissait aussitôt jusqu'à la nuit. « Il m'aide à préparer notre fils et l'accompagne souvent à l'école. » En fait, il ignorait totalement où l'enfant – qu'il n'avait jamais reconnu – était scolarisé. Oui, elle avait bien appris la leçon et la récitait scrupuleusement devant les juges et les jurés, et un grand soulagement peu à peu l'envahissait.

« Avez-vous terminé votre déposition ? » lui demanda le président. Un scrupule l'envahit... N'avait-elle rien oublié ? Elle se tourna vers l'avocat : « Euh... oui... je crois que j'ai bien tout dit, je pense que je n'ai rien oublié, n'est-ce pas, Maître ? »

Chapitre 6

L'audience est un théâtre

Unité de temps, unité d'action, unité de lieu : nous apprenions cela autrefois, lors des humanités classiques... La cour d'assises répond parfaitement à la règle des trois unités. En outre, la tragédie se joue en costumes... Le président, s'il est « hors hiérarchie » et a rang de président de chambre, est paré d'hermine appliquée sur sa robe rouge et noire. Même s'il est simple conseiller, il a quand même fière allure avec sa robe rouge aux parements brillants. Souvent, quelque médaille brille sur la fourrure et sur la robe, la décoration étant « pendante », c'est-à-dire que le trophée lui-même, un jour accordé après des discours élégiaques, se trouve accroché dans toute sa splendeur sur la robe du magistrat.

En revanche, en temps ordinaire, lors des audiences quotidiennes, le rappel des distinctions honorifiques est seulement évoqué par de discrets rectangles de tissus brillants, rouges ou bleus – Légion d'honneur ou Mérite –, cousus sur le côté de la robe et nommés « canapés ».

Mais la cour d'assises est une audience solennelle, ce que *Le Petit Robert* définit comme signifiant : « célébré avec pompe » ou, à tout le moins, « se faisant avec apparat ». Le drame, les costumes, il y a aussi les formules... L'urne majestueuse, les trois coups. « L'audience est ouverte, vous pouvez vous asseoir. » Le tirage au sort, le serment des jurés, les formules finales : « Avez-vous une intime conviction ? », puis : « J'invite le chef du service d'ordre à faire garder les issues de la salle des délibérations ; nul ne pourra y pénétrer sans mon autorisation. » Tout concourt à la perception d'une cérémonie liturgique dont le président est le grand prêtre.

Vanité des vanités... J'ai voulu raconter cette dérision, ce grand rôle et ce costume de mamamouchi parfois porté par un médiocre, ce jeu de la complaisance dangereuse avec « Le décoré » ou de l'autosatisfaction ridicule avec « Le père Noël », les faux adieux à la scène avec « La dernière plaidoirie » et les croche-pieds en coulisse avec « Le grand défenseur ».

J'ai tenté aussi d'évoquer les audiences quotidiennes et les lapsus savoureux (« Le grand nettoyage »), ou les hasards d'une carrière singulière avec la magistrate-comédienne prise au jeu malgré elle (« La comédienne »). Ou encore le grand procès médiatique confisqué (« La plaidoirie rentrée »).

Quelle terrible scène que cette cour d'assises, où les petitesses côtoient la grandeur apparente avec des rites encore immuables (pour peu de temps semble-t-il), dans cette tragi-comédie dramatique où se joue en quelques heures ou quelques jours l'avenir d'un homme...

Le décoré

En relevant sa toque, la jeune avocate avait trouvé sa première commission d'office. Dans ces temps, en effet, chacun des membres du barreau de Paris, stagiaire ou inscrit, disposait d'un carton au vestiaire, en souvenir des emballages qui contenaient autrefois une toque que personne ne portait plus, à l'exception d'un jeune confrère, un peu original, lequel se promenait ainsi coiffé chaque jour dans les couloirs du palais.

Elle était un peu émue en ouvrant le message du secrétariat du bâtonnier. « Ma première commission d'office, mon premier client au pénal... » Il s'agissait d'un vol d'assez peu d'importance, un larcin presque alimentaire. Le prévenu avait dérobé un sac dans un restaurant, mais un serveur l'avait vu faire. Il n'avait pas nié. Son casier judiciaire avait déterminé son incarcération.

L'avocate pouvait consulter la procédure au parquet, et un substitut lui avait délivré un permis de communiquer qui lui permettait de rencontrer son client en prison. Ce serait aussi sa première visite à la maison d'arrêt de la Santé. Auparavant, elle avait consciencieusement étudié chaque page du dossier. Le vol, étant reconnu, ne méritait pas qu'elle s'y attarde, sauf pour souligner le caractère purement virtuel du préjudice puisque le sac avait été restitué, mais la personnalité de ce premier client, c'était une autre affaire. Le casier judiciaire de celui-ci se déroulait interminablement. Depuis dix années environ, il n'arrêtait pas de commettre infraction sur infraction, et il ne sortait de prison que pour être incarcéré à nouveau : des vols, toujours des vols, dans la rue, dans le métro ou dans les magasins, des sacs ou des porte-monnaie, il faisait cela pour survivre, disait-il.

Naturellement, compte tenu de ses antécédents, chaque condamnation était plus lourde que la précédente... trois mois... six mois... un an. Il avait maintenant plus de cinquante ans. Des années plus tôt, il s'était engagé dans la Légion étrangère. Il avait

« fait » l'Indochine et l'Algérie. Les premières pages du dossier comportaient alors la « feuille de personnalité » qui résumait une biographie élémentaire : situation de famille, professions exercées, renseignements du voisinage. Il y avait même une rubrique « décorations » toujours vide, sauf pour lui ! Cet homme avait manifestement été un vaillant militaire, il avait accumulé les médailles, et cela avait attiré l'attention de la jeune avocate.
Elle prenait fébrilement tout en note et recopiait à la hâte tout le casier judiciaire de son nouveau client, c'est-à-dire le relevé de l'intégralité des condamnations qui avaient été prononcées contre lui. Soudain, un soupçon désagréable l'envahit : « Et s'il était... et s'il était... relégable ? » Le calcul était hélas assez facile à faire... Elle recompta et recompta encore. Tant de condamnations, à des peines fermes, de tant de mois et tant d'années, chacune succédant à l'autre quelques semaines après sa sortie de prison. Il ne fallait pas se leurrer : son nouveau client entrait bien dans le champ d'application du texte qui réprimait de cette terrible « peine accessoire » ceux qui étaient considérés comme des multirécidivistes incorrigibles...
Certes on ne les envoyait plus à Cayenne ni aux îles du Salut, mais à Saint-Martin-de-Ré ou « en centrale », et ce jusqu'à la fin de leurs jours. Ils pouvaient ainsi risquer la perpétuité pour un vol de pommes ! C'est le tribunal qui décidait souverainement d'ajouter ou non, après la peine principale, la « mesure » de sûreté de la relégation, qui constituait bien une condamnation à vie.
La jeune avocate ne se réjouissait plus à la perspective de faire ses premières armes devant une juridiction répressive. La gravité de la situation dans laquelle se trouvait ce nouveau client la tétanisait. Elle sortit du vieux palais la tête bourdonnante. L'audience était fixée à quinze jours de là. Il fallait impérativement qu'elle aille le lui dire, qu'elle l'avertisse au plus vite, même si personne ne pouvait rien changer à l'analyse mathématique et impitoyable d'un casier judiciaire accablant.

Le petit parloir de la maison d'arrêt de la Santé était sombre, et la table de bois étroite qui la séparait du client. Presque un légionnaire d'opérette, songeait-elle en regardant sa longue barbe taillée en carré sous le menton. « Il faut que je vous informe de quelque chose », commença-t-elle aussitôt après s'être présentée. « Voilà, j'ai bien examiné votre casier judiciaire, et... » Elle ne savait comment le lui dire, elle balbutiait presque. Il percevait sa gêne et soudain l'interrompit : « Oui, ben oui, je sais, quoi, la r'leg. » Elle était soulagée. Il savait déjà. Et ne semblait pas bouleversé. « Il faut empêcher ça, dit-elle, le tribunal peut décider de la prononcer ou pas. » « Oui, je sais, et il faut l'éviter, je compte sur vous, j'espère bien que vous y arriverez. » Il la trouvait bien jeune et presque timide mais était fataliste... « C'est comme ça, je n'ai pas d'argent, on nous donne les nouveaux pour avocats d'office. »

Elle relisait machinalement la première page du dossier, et soudain fut frappée d'une illumination. Un espoir se levait : « Vous savez devant qui vous allez passer ? » Il savait, et lui ne pouvait dire si c'était une bonne ou une mauvaise chose. C'était Batigne, le président Batigne, qui, depuis des années, officiait à la seizième chambre, le magistrat le plus connu des chambres correctionnelles de Paris, avec ses observations mi-paternelles mi-ironiques. C'était un magistrat d'expérience, à qui « on ne la faisait pas », mais qui pouvait se montrer parfois très répressif et qui ne tolérait pas les avocats insuffisants ou approximatifs. Il pouvait selon les jours être protecteur ou cinglant, bienveillant ou désagréable, et il conduisait son audience avec une autorité non disputée. Les avocats faisaient montre d'une particulière révérence envers le président Batigne.

Lorsqu'ils siègent en correctionnelle, les magistrats portent leurs éventuelles décorations cousues sur leurs robes noires, en « canapés ». À cet égard, la robe du président Batigne ressemblait à la tunique d'un maréchal de l'armée soviétique. La révélation qui avait soudain envahi l'avocate dans le petit parloir, c'était précisément le souvenir de cette abondance de décorations... « Mon client aussi fut beaucoup décoré, cela ne peut que lui plaire, il fut un homme courageux... » Elle demanda : « Vous avez vos décorations ici ? » Il acquiesça. « Eh bien, portez-les le jour de l'audience ! J'ai vérifié, vous n'avez pas eu de peines infamantes, on ne vous a pas radié des ordres, vous avez le droit de les porter. » Le légionnaire était d'accord et ils se séparèrent.

Le jour de l'audience, elle était en retard. Elle n'avait pu se présenter à l'appel des causes. Il était plus de 14 heures quand elle pénétra essoufflée dans la salle de la seizième chambre correctionnelle. L'escorte venait juste de faire monter une « fournée » de prévenus détenus. Ils étaient cinq alignés dans le box, son client au milieu. On ne voyait que lui – un arbre de Noël !

Il n'en avait oublié aucune et elles pendaient de part et d'autre de sa veste, maladroitement accrochées, certaines de travers. Il avait mis les médailles pendantes... Elle était consternée, osait à peine porter le regard vers le président Batigne, dont les yeux lui semblaient exorbités et qui était visiblement rouge de colère.

« Levez-vous, Monsieur, oui, vous, Monsieur », dit-il en montrant les médailles, et le prévenu se leva lentement sous les regards convergents de toute la salle. « Qu'est-ce que cela signifie ? » Et le doigt du président tremblait en désignant les médailles rutilantes. Le légionnaire était un peu interdit, mais il commença à répondre : « C'est mon avocate qui m'a dit... »

Elle pensa qu'elle voulait mourir, se recroqueviller sous le pupitre, se cacher sous le banc, s'enterrer vivante, disparaître à jamais, quitter ce barreau dont elle était indigne, se suicider, mourir. Mais son client continuait, imperturbable : « Oui, Monsieur le président, c'est mon avocate qui m'a dit que j'avais toujours le droit de porter mes décorations. »

Elle amorça une lente résurrection en voyant, comme par miracle, les traits du président se radoucir et celui-ci recouvrer son calme.

Elle eut même l'impression que, rétrospectivement, sa panique épouvantée et sa totale honte amusaient beaucoup le président. Ce jour-là, le légionnaire ne fut pas relégué.

La comédienne

C'était un cas unique dans la magistrature. Dans ce monde compassé, masculin, désuet, dans lequel les vieux notables étaient majoritaires, la création de l'École nationale de la magistrature à Bordeaux avait bousculé l'édifice vers le milieu du XXe siècle. Elles étaient arrivées... Peu nombreuses au début, et retenues, sérieuses, appliquées, elles avançaient modestement. Mais leur véritable nature avait commencé à poindre dans les années 1970. Ce fut une révolution. Celle des femmes et du syndicat.

Certaines d'entre elles, en effet, et une partie de leurs collègues masculins, venaient au palais en pull-over et en baskets. Pire, ils s'interrogeaient ensemble et publiquement sur leur légitimité et sur les conséquences sociales des décisions qu'ils étaient amenés à prendre. Le nouveau monde judiciaire devint plus composite, avec trois syndicats (gauche, centre, et droite), puis deux (celui de droite se sabordant plus tard à la suite d'un dérapage antisémite), et l'évolution se poursuivit, tranquille. Il faut dire que les jeunes magistrats syndiqués des années 1970 avaient grandi et, pour beaucoup d'entre eux, après 1981, accédé au pouvoir, ce qui les avait bien assagis et transformés en hiérarques souvent aussi autoritaires que les aînés auxquels ils s'étaient opposés autrefois. Pendant ce temps, les femmes continuaient leur invasion tranquille. Quelques-unes arrivaient aux plus hautes charges, et l'exception devenait, insidieusement, normale. Mais on manquait cruellement de magistrats. Les juridictions étouffaient. Il était urgent de multiplier les nominations. Un ministre de la Justice s'avisa que l'école de Bordeaux constituait trop souvent une pépinière de jeunes insoumis, brillants mais encombrants contestataires.

C'était juste avant mai 1981. On vit alors fleurir durant quelques mois des encarts racoleurs dans de nombreux magazines et quotidiens. C'était un mélange d'exhortation militaire et d'incitation à la promotion sociale à l'américaine ; moitié « Engagez-vous, rengagez-vous » et « Ah, si vous aviez connu l'école universelle » (dans les années 1950, le périodique *Sélection du Reader's Digest* publiait cette publicité alléchante : « Ah, si j'avais connu l'école universelle ! », et l'on voyait le croquis d'un homme élégant, la trentaine triomphante, la serviette de cuir à la main, qui ouvrait la portière d'une superbe limousine tandis que, sur le seuil d'une jolie maison, une jeune femme lui souriait).

Le ministre avait donc décidé de renforcer rapidement les effectifs de magistrats en en diversifiant le recrutement. Il y aurait beaucoup d'appelés mais peu d'élus en réalité. L'appel aux candidatures était attrayant. Il s'étalait dans toute la presse et disait : « Comparez votre vie à celle d'un magistrat. »

C'est ainsi que la comédienne avait présenté son dossier. Jeune fille douée, drôle et brillante, elle était parvenue à mener de front, entre ses dix-huit et vingt-deux ans, les cours de la rue Blanche et le suivi, couronné de succès, d'une licence à la faculté de droit de la rue d'Assas. Elle avait été comédienne débutante, tout en travaillant chez un vieil avocat pour des raisons alimentaires. Elle était orientée par ses maîtres de comédie, et bien malgré elle, aux rôles de comique. Elle rêvait d'être Phèdre, on la cantonnait à Dorine. Mais elle avait fini par perdre confiance en son avenir de comédienne et, après quelques petits rôles et de longues périodes d'inactivité, elle s'était découragée.

Parallèlement, sa carrière au barreau devenait au contraire de plus en plus affirmée. Elle travaillait beaucoup mais parfois s'ennuyait un peu. Plus de dix années s'écoulèrent. C'est entre la station Châtelet et le Louvre qu'elle tomba sur l'annonce en lettres majuscules et... qu'elle « compara sa vie à celle d'un magistrat ». Elle comprit qu'il était préférable de ne pas insister auprès des services judiciaires sur ce qu'elle avait considéré comme sa vocation première et oublia opportunément de mentionner son discret passé de comédienne.

Le bâtonnier appuya chaleureusement sa candidature. Les magistrats devant lesquels elle plaidait très souvent et qui recevaient ses dossiers toujours complets et intelligemment argumentés la poussèrent également en donnant sur elle des avis excellents. Son dossier fut donc rapidement accepté, et elle passa avec succès l'épreuve du stage probatoire en juridiction. Elle prêta serment dans une cour de province, dans sa robe noire toute neuve comiquement ceinturée de satin bleu comme les enfants de Marie. Elle devint juge d'instance, puis juge d'instruction, puis président de chambre correctionnelle, et poursuivait une carrière classique tout à fait honorable. Ses collègues appréciaient son esprit, sa compétence et sa gentillesse. Elle croyait avoir oublié et Molière et Racine. Mais un jour, tout bascula.
Elle était assesseur, en remplacement d'un collègue empêché, et elle se trouvait à la droite du président de la cour d'assises de Paris. C'était un homme sérieux et compétent, mais totalement dénué d'humour et assez autoritaire. Décidément, la magistrature était fragile, car le président était ce jour-là victime d'une extinction de voix subite. Il ne pouvait parler qu'à voix basse, et malgré les micros montés au maximum, on ne l'entendait pas. Le dossier soumis à la cour concernait une association de malfaiteurs qui étaient soupçonnés d'avoir organisé et réalisé de multiples vols avec arme. Les accusés avaient été confondus par leurs conversations téléphoniques. Dans ce dossier, tout reposait sur ces enregistrements. Ils avaient beaucoup trop parlé, et leurs dénégations résistaient mal, confrontées à leurs échanges verbaux inconsidérés. Le président se pencha vers son assesseur le plus ancien, c'est-à-dire elle : « Pouvez-vous lire à haute voix les extraits des communications téléphoniques ? » Elle accepta.
Ce fut une joyeuse catastrophe. Dans la grande salle lambrissée, personne, jamais, n'avait entendu cela. Elle lisait, elle lisait, et... elle « mettait le ton ». Elle jouait sans s'en rendre compte. La cour d'assises était devenue une scène où elle interprétait tous les

rôles à la fois. Les avocats, d'abord stupéfaits, se sentaient submergés par un irrépressible fou rire. La salle, avec un léger temps de retard, commençait elle aussi à frémir. Le second assesseur, puis les jurés, surpris, la bouche ouverte, tournaient d'abord le visage de côté, vers elle, puis étaient à leur tour envahis par un formidable rire.

Pendant ce temps, elle jouait. Elle poursuivait sa lecture. Elle ordonnait, comme l'accusé X., avec une autorité virile : « Eh, Paulo, tu n'oublieras pas les cagoules... » Elle répliquait, d'une voix haut perchée, comme la femme de l'accusé Y. : « J'ai caché les revolvers dans la chambre du petit, mais je veux que vous débarrassiez la maison de tout ça au plus vite. » Puis elle gémissait, comme l'accusé Z., qui était d'origine italienne et dont elle prenait l'accent supposé : « Rien à faire, le receleur ne veut pas nous en donner plus de dix mille. »

La salle tout entière était comme au spectacle. Tout le monde riait sans aucun frein, les épaules secouées, même les accusés se tenaient les côtes, et les gendarmes de l'escorte, pris à leur tour par le fou rire, se tournaient vers la cloison en tentant en vain de ne pas être vus. C'était une gigantesque hilarité générale.

Un seul demeurait impavide. Pétrifié. Silencieux, glacé, le président dit soudain, à mi-voix : « Cela suffit ! » Il coupa le micro et, retrouvant l'usage de ses cordes vocales, proclama d'une voix forte : « L'audience est suspendue. »

Le père Noël

Le président de la cour d'assises était heureux : il siégeait pour la première fois dans la grande salle de la cour d'assises de Paris. La grande, la plus ancienne, celle qui donne sur la place Dauphine. Il souriait. Le sourire était chez lui une seconde nature, mais n'était-ce pas aussi un masque ? Un déguisement qui pouvait tromper la plupart de ses interlocuteurs ? De lui les avocats disaient grand bien : modéré, équilibré, toujours aimable, ouvert, élégant. Les décisions rendues sous sa présidence étaient généralement bien acceptées, il n'était pas considéré comme très répressif. Oui, il faisait, auprès du barreau, la quasi-unanimité. Ses collègues étaient plus circonspects pour avoir subi quelquefois les conséquences de quelques volte-face et trahisons inattendues.

Dans les assemblées générales de la cour, force leur était en effet de constater qu'avec un sourire encore plus appuyé qu'à son habitude il intervenait souvent après avoir laissé parler les imprudents et les étourdis, et s'exprimait doucement, parvenant à ridiculiser tel ou tel des orateurs précédents en caricaturant habilement leurs propos. C'était plus fort que lui. Cette cruauté épisodique n'était cependant connue que de quelques-uns auprès desquels, baissant sa garde, il s'était un jour démasqué ou qui avaient été ses victimes directes. Mais beaucoup le craignaient et se contentaient de l'éviter discrètement.

Oui, le président était heureux. Cette fonction (présider les assises) satisfaisait son ego au-delà de toutes ses espérances. Sa robe était magnifique, impressionnante, toute neuve. Compte tenu de sa nouvelle promotion « hors hiérarchie », il avait décidé récemment d'en faire l'acquisition plutôt que de simplement faire modifier sa vieille robe de conseiller. Il ne pouvait s'empêcher de la regarder, suspendue par une épaule sur le portemanteau de son bureau, avec la fourrure blanche tachée de pointes

noires, elle pendait un peu. « Il faudra absolument que j'achète un cintre, elle va se déformer. »
Il se sentait bien, car il allait l'étrenner – comme un communiant d'autrefois enfilant son premier costume à pantalons longs – dans la grande salle de la cour d'assises de Paris. Il allait enfin arborer la robe ornée des deux parements de fourrure, même s'il n'hésitait pas à déclarer à ses collègues que son avancement ne l'intéressait pas... (En l'entendant les gens n'osaient pas sourire, car il aurait ainsi été le seul magistrat de France – hormis quelques anciens marginaux provinciaux un peu anarchistes ou de rares fortunés semi-rentiers – à ne pas vouloir faire de carrière !) Il souriait toujours, seul dans son bureau sombre, en regardant sa robe et ses décorations.
« Cela ferait un immense plaisir à ma mère », avait-il affirmé lorsque le premier président l'avait informé du fait qu'il envisageait de le proposer à une « distinction honorifique ». Le Mérite d'abord, puis la Légion d'honneur. Sa mère, il l'oubliait pourtant souvent, et elle se plaignait de ne le voir que rarement, lui, son fils unique. Mais il préférait les sorties avec quelques amis et il aimait les femmes, cela prenait du temps. En réalité cette Légion d'honneur, à côté du Mérite obtenu cinq ans auparavant, le ravissait, car elle magnifiait sa nouvelle robe.
Les audiences de la cour d'assises étant des audiences solennelles, les décorations des magistrats se portent dans leur splendeur étalée, brillant sur la fourrure et sur le rouge du reste de la robe. Il venait d'acquérir spécialement, place Saint-Germain-des-Prés, une sorte de longue broche dorée sur laquelle les deux grandes médailles étaient fixées. Oui, il était heureux.
Le dossier sur lequel allait s'ouvrir l'audience ne semblait pas très difficile, et il l'avait étudié assez vite. Encore une histoire d'inceste, songeait-il. Les trois jeunes parties civiles avaient dénoncé les abus plusieurs années après les faits, comme toujours, les deux plus grandes en tout cas. C'était l'aînée des trois filles, âgée

de dix-huit ans, qui s'était résolue à porter plainte lorsqu'elle avait constaté que son père commençait à tourner autour de la plus petite, âgée de neuf ans seulement. Après avoir vu par hasard une émission sur l'inceste, elle avait eu le courage d'appeler une association dont le numéro vert s'affichait.

Le père avait nié, comme très souvent. Mais l'examen de la plus jeune avait révélé que les craintes de la grande étaient fondées : son père avait recommencé. Les expertises étaient sans appel, la défloration de la petite était indéniable et récente, et elle avait parlé. Ses aînées l'entouraient, et leurs propres témoignages semblaient difficiles à remettre en question, car tous les détails concordaient.

Il y avait trois parties civiles. L'aînée avait son propre avocat, désigné par le bâtonnier. La seconde, âgée de seize ans, et la plus petite bénéficiaient d'un « administrateur ad hoc », car leur mère s'était montrée soit aveugle soit complice au moment des faits, et un avocat leur avait été choisi par le conseil général.

Le président regardait sa montre. Le spectacle dont il était le héros allait commencer. Il déplorait en son for intérieur que les avocats des parties civiles aient demandé un huis clos total, car il serait privé de la présence des journalistes qu'il aimait bien. Leurs appréciations quant à sa manière de tenir les audiences étaient en effet le plus souvent élogieuses. Il aimait bavarder avec eux dans le secret de son bureau et commenter l'actualité judiciaire. Il ne détestait pas, à ces occasions, donner quelques coups de griffes à ses chers collègues qui n'auraient pas dû faire ceci ou cela, et fournir des arguments à quelques plumes fielleuses qui, de ce fait, avaient tendance à l'épargner.

C'était l'heure. Il fallait rassembler tout le monde. Les jurés attendaient dans la grande salle et on allait procéder au tirage au sort. Majestueux, il se déployait dans ses voiles en jetant un coup d'œil dans la vitre de son armoire qui faisait office de miroir. Il avait réussi. Il se sentait bien, il se trouvait assez beau, grâce à sa grande taille, malgré une calvitie naissante. Les pans de fourrure tombaient de part et d'autre du rabat immaculé qu'il avait soigneusement fait nettoyer pour l'occasion, et les « distinctions honorifiques » brillaient de tous leurs feux. L'audience pouvait commencer.

Les débats se déroulèrent sans surprise. Les jurés réprimaient mal leur émotion indignée en entendant les dépositions des jeunes filles, celles de la plus jeune surtout. Ils semblaient sceptiques lorsque l'accusé parlait d'inventions et de complot familial.

Le président ne se pressait pas, car il savait qu'en décidant de consacrer trois jours à cette affaire – alors que deux auraient suffi – il réduisait la durée de chacune des audiences et sa charge de travail. Quand on lui objectait que des dizaines de dossiers étaient, de ce fait, en attente, il se retranchait avec hauteur sur la nécessité de ménager la fatigue des jurés. « Désormais, ils sont habitués aux trente-cinq heures, ils ne supportent pas un rythme plus soutenu. » C'était son excuse, et elle n'était pas totalement infondée.

De ses collègues plus consciencieux mais harassés, il disait avec ironie qu'ils faisaient du stakhanovisme pour se faire bien voir du parquet. Il prononçait « parquet » d'une façon méprisante, et répétait à l'envi aux journalistes que, pour lui, ce n'étaient pas de vrais magistrats, et que l'on devrait décider tôt ou tard de la séparation du siège et du parquet, des juges impartiaux et des magistrats disciplinés, lesquels n'étaient pour lui que des « policiers en robe » qui n'avaient ni la même fonction ni la même hauteur de vue...

Il n'hésitait pas, en pleine audience, quand le représentant du ministère public n'était pas audacieux et qu'il savait qu'il n'oserait pas répliquer, à mettre celui-ci en difficulté, à relever la moindre erreur et à ironiser durement, faisant ainsi coup double puisqu'il manifestait de la sorte sa grande impartialité, faisait plaisir aux avocats de la défense, et amusait la presse, qui ne déteste pas que les magistrats se combattent. Chaque fois qu'à l'issue d'une suspension il pénétrait dans la salle d'audience, il regardait tranquillement toute l'assistance et se pénétrait de l'indicible plaisir ressenti en voyant tous les regards levés vers lui. « Vous pouvez vous asseoir. »

Ce fut le dernier jour que tout s'écroula. Les jeunes parties civiles s'étaient habituées peu à peu à la salle d'audience et chuchotaient souvent entre elles. Des gamineries leur échappaient par moments, elles se poussaient du coude, comme des enfants turbulents, peut-être pour conjurer le drame de leurs enfances ravagées, et elles souriaient parfois en plaisantant les unes avec les autres.

À cet instant, elles regardaient attentivement le président. Les voyant ainsi les yeux fixés sur lui, il eut un bon sourire condescendant. Il se sentait tout à la fois impérieux et protecteur dans sa magnifique robe, symbole de sa puissance, de sa magnificence. Mais l'une d'elles éclata de rire, et sa jeune voisine lui dit : « Répète, je n'ai pas entendu. »

Elle répéta plus fort, et les mots parvinrent jusqu'à lui : « Tu le vois, celui-là, le président, avec son costume, sa fourrure, ses médailles, il est comique. On dirait qu'il s'est déguisé en père Noël ! »

Le grand nettoyage

Ce vendredi soir, autour du grand palais, près du port, le brouillard et le crépuscule ne permettaient pas de distinguer nettement les membres du groupe qui sortait lentement de la camionnette des gendarmes. Un homme entravé, de race noire, avec une tête arrondie par des « dreadlocks » à la Bob Marley, suivait docilement deux hommes en uniforme et pénétrait après eux dans le palais de justice par une porte latérale.

Dans la salle d'audience sombre, le président et les assesseurs attendaient. Il était 18 heures, et le président songeait qu'il ne pourrait plus attraper le train de Paris qui partait du Havre à 18 h 45. « Il ne me restera que celui de 21 heures, je ne serai pas chez moi avant minuit... Cette audience est interminable, je pensais que nous en avions fini quand le parquet m'a annoncé ce Nigérien. Décidément, je n'ai pas de chance. »

Les deux assesseurs, une dame âgée de soixante-sept ans, qui avait opté pour une « prolongation exceptionnelle d'activité » et se croyait de ce fait en préretraite, et un juge nouvellement installé dans la juridiction, manifestaient ostensiblement leur mécontentement. « Il fallait refuser, Monsieur le président, le parquet n'a pas à nous présenter les prévenus à des heures pareilles ! » Mais le président avait dit oui. Le sourire enjôleur de la jeune substitut n'était peut-être pas tout à fait étranger à sa disponibilité exceptionnelle. « Vous comprenez, Monsieur le président, l'affaire est simple, et comme cet homme peut bénéficier de la loi d'amnistie, il y en aura pour cinq minutes. »

L'escorte arrivait justement, et détachait les menottes du prévenu. Celui-ci semblait ne rien comprendre à ce qui lui arrivait. Le dossier présenté au tribunal était pourtant d'une grande simplicité, et la procédure tenait en quelques pages : plusieurs années auparavant, cet homme avait été interpellé au Havre en possession de 100 grammes de cannabis, et laissé en liberté. Il n'avait pas d'adresse fixe en France, et quelques mois plus tard il avait été condamné en son absence à une peine de six mois d'emprisonnement par défaut. Jamais il n'avait eu connaissance de cet acte de poursuite et de cette condamnation.

Une loi d'amnistie était intervenue entre-temps qui permettait d'effacer toutes les condamnations relatives à des faits commis avant une date précise à condition que la sanction n'ait pas dépassé six mois d'emprisonnement ferme. Mais les décisions rendues « par défaut » ne pouvaient être amnistiées que si le condamné « acquiesçait », ce qui signifiait qu'il déclarait renoncer à exercer son droit d'opposition qui lui aurait permis de faire rejuger son affaire. Il suffisait donc que le condamné accepte la décision et que le parquet en soit d'accord (ce qui était pratiquement toujours le cas) pour que cela ne constitue plus, pour l'intéressé, qu'un mauvais souvenir.

Le président réfléchissait : « Il y a aussi le train de 19 h 15... Celui-là, je parviendrai peut-être à le prendre. » C'est à cet instant que le tribunal entendit l'avocat de permanence désigné pour les affaires du jour annoncer d'une voix forte qu'il demandait la désignation d'un interprète. Le sosie de Bob Marley ne parlait que la langue de sa très gracieuse majesté.

Trouver un interprète en fin d'après-midi, un vendredi soir, c'était quasi une « mission impossible », et la greffière, qui regardait sa montre, et l'huissier, qui au fond de la salle enfilait son manteau car l'on avait déjà dépassé l'heure, le dirent l'un et l'autre clairement au président qui soupirait.

S'inspirant des méthodes anglo-saxonnes, dans sa salle au demeurant presque vide (seuls deux avocats, au fond de leur banc, attendaient en bavardant le prononcé des décisions relatives à leurs affaires respectives déjà évoquées par le tribunal), le président fit signe à l'avocat de la défense et au substitut d'audience de s'approcher au plus près de lui. « Maître, vous avez vu, si votre client acquiesce à la décision par défaut, il sera automatiquement amnistié. Si vous parlez un peu l'anglais, dites-lui d'accepter et tout sera fini. »

Le substitut opinait vigoureusement du chef. Lui aussi était attendu à Paris pour le week-end. L'avocat fut aussitôt d'accord et s'en retourna rapidement vers son client, auquel il parla doucement sans être entendu du tribunal. Mais le condamné provisoire baissait la tête, et répétait inlassablement : « Not understand, interpret, interpret... »

Le président haussa le ton et s'adressa aux deux avocats présents au fond de la salle : « L'un de vous deux parle-t-il anglais, et peut-il expliquer à ce monsieur qu'il lui suffit de dire "oui" ? » Hélas aucun des deux ne semblait maîtriser la langue de Shakespeare, même si leur bonne volonté était manifeste.

Le temps passait, et le jeune Africain s'entêtait. Méfiant, bloqué, il ne voulait rien dire. Le président regardait l'heure et continuait avec constance à essayer de le convaincre et de le rassurer en même temps. En anglais approximatif (ce qu'il n'avait absolument pas le droit de faire... mais la salle était presque vide et le temps passait), le président osa : « Monsieur, said simplement "yes", you anderstand ? »

Et derrière Bob Marley, les trois avocats, qui eux aussi étaient désireux d'en finir, scandaient tous comiquement ensemble et presque en rythme : « Yes, Monsieur, please, said "yes, yes". » Mais le prévenu obstiné demeurait sourd à leur demande. Les pensées qui envahissaient le président peu à peu, tandis que s'éloignait du quai le train de 19 h 15, étaient de celles qu'une loi de 1972 réprime absolument : « Ce Noir ne comprend rien de rien, il m'énerve, il m'énerve... »

Le surmoi était là, car jamais le président n'aurait laissé le moindre sentiment raciste affleurer jusqu'à sa conscience... C'est pourquoi le couvercle se souleva tout seul, et que ce fut tout à fait involontairement qu'exaspéré le président, qui ne cherchait même plus à être compris de quiconque et quelle que fût sa langue, lâcha d'une voix forte, à 19 h 30 très exactement : « Enfin, Monsieur, Monsieur, vous ne comprenez pas ? Je vous dis que si vous dites "oui", vous êtes amnistié, amnistié. » Il poursuivit, plus vigoureusement encore : « L'amnistie, Monsieur, c'est pourtant bien simple, l'amnistie, c'est... le grand nettoyage par le *blanc* ! »

La vérité m'oblige à dire que le prévenu, abasourdi plus que véritablement consentant, finit par balbutier « yes » et put ressortir libre de la salle d'audience, ce qui permit au président d'attraper le dernier train à destination de Paris.

Sa dernière plaidoirie

L'assesseur, habitué des audiences correctionnelles, souriait devant la naïveté du nouveau président. Celui-ci, en pénétrant dans la salle des délibérés, venait de lui confier en confidence : « Dans la première affaire, je vous signale que la jeune avocate m'a rendu visite ce matin pour me dire sa timidité et son angoisse, car il s'agit de sa première plaidoirie. » « Vous en êtes sûr ? demanda l'assesseur. Savez-vous quand exactement elle a prêté serment ? » Le président était interloqué, et l'assesseur lui expliqua qu'il s'agissait d'un stratagème parfois utilisé par les jeunes avocats pendant leur première année d'exercice. « Dès qu'ils plaident devant une chambre nouvellement composée, ou devant laquelle ils ne se sont jamais présentés, ils nous font le coup de la première plaidoirie, et cela peut durer quelques mois à Paris, vu le nombre des chambres correctionnelles, dont chacune est présidée par deux magistrats différents. » Le président était déçu, mais, dans le doute, il préférait faire crédit à la jeune avocate de sa sincérité.

Ce souvenir s'imposa soudain à lui, une vingtaine d'années plus tard. Il avait beaucoup appris depuis, et occupé tant de fonctions, dans divers palais de justice. Il avait connu les affaires familiales, les contrats et les successions, les délits financiers, les affaires civiles et les affaires pénales… Il était passé du tribunal à la cour, était devenu conseiller puis président de chambre en province. Et un jour, enfin, il avait été nommé président de chambre à la cour d'appel de Paris.

Le premier président l'avait affecté à la cour d'assises, et il en était très satisfait. Le droit pénal, méprisé par certains de ses collègues civilistes, ne lui déplaisait pas, et la cour d'assises constituait à son sens l'une des dernières juridictions où l'on avait le temps d'examiner les procédures, et où il était possible de ne pas juger à la hâte.

Ses fonctions précédentes, à la « chambre de l'instruction », l'avaient harassé. Il avait alors été constamment envahi par le sentiment de rendre une justice à la chaîne, avec des dossiers qu'il n'avait pas le temps de lire intégralement, des appels réitérés qu'il fallait juger à très court délai, sans avoir la possibilité de les examiner convenablement.

D'autres n'avaient pas la même conscience professionnelle, et le président s'irritait de voir souvent, lors de débats télévisés, l'un de ses camarades de promotion, connu pour sa paresse professionnelle, qui donnait tranquillement des leçons d'éthique à toute la magistrature alors que de notoriété publique lui-même n'étudiait pas ses dossiers. Tous savaient que lorsque l'affaire était complexe, il relaxait facilement, échappant ainsi à une étude approfondie du dossier et à la rédaction d'une motivation rigoureuse qui, pour une relaxe, n'est pas aussi impérative que pour une condamnation.

Le président conservait également le souvenir amer des manœuvres de quelques avocats qui réitéraient constamment leurs appels dans l'espoir parfois récompensé que le greffe de la chambre de l'instruction, noyé, commettrait un jour une erreur purement mécanique en convoquant l'une des parties trop tard ou en se trompant d'avocat.

En cour d'assises, l'atmosphère était tout autre. Les avocats s'entendaient bien avec lui et les fixations des rôles étaient élaborées en plein accord entre eux (ce n'était pas toujours simple, car certaines vedettes des prétoires avaient un agenda de ministre !). La confiance régnait qui permettait de préparer avec sérénité le déroulement des audiences.

Ce jour-là, un avocat réputé mais un peu fatigué frappa à la porte de son bureau après s'être fait annoncer par le greffe. Le président l'avait bien connu autrefois, et il se demandait soudain quel âge il pouvait bien avoir... Il se souvenait qu'après avoir assuré la défense de petits malfrats, cet avocat était devenu peu à peu le conseil de clients d'une bien autre pointure et que la presse parlait souvent de lui. « Je ne l'ai pas croisé depuis vingt ans, songeait le président. Il doit avoir changé. »

Le président ouvrit la porte devant un homme souriant aux cheveux presque blancs. Il le fit asseoir, et tous deux évoquèrent courtoisement quelques souvenirs du tribunal de grande instance de Paris vingt années auparavant, l'avocat manifestant un plaisir ostensible à retrouver ce magistrat particulièrement estimable, disait-il, dans cette magnifique fonction qui est celle de président de la cour d'assises. Le président ne pouvait s'empêcher de prendre plaisir à entendre cet éloge que, tout au fond de lui, il estimait mérité !

L'avocat poursuivit en arrivant au but de sa visite : l'affaire X.R. Les débats s'ouvraient le lendemain, et il fit au président l'aveu de sa grande fatigue : « Je n'ai pas voulu demander de renvoi, car mon client est détenu depuis si longtemps. Je tiens absolument à plaider cette affaire moi-même. Ce client, c'est presque mon fils, je le connais depuis toujours, je ne puis pas l'abandonner. » Il continua plus bas, sur le ton de la confidence : « Je suis si fatigué ; j'ai un jeune associé brillant auquel je confie de plus en plus le suivi de mes dossiers criminels, mais là, je tiens à plaider moi-même car, c'est un secret, j'ai décidé de prendre ma retraite. Je vais vous dire, et vous ne le confierez à personne, j'ai confiance : devant vous, dans trois jours, cette affaire sera, je le sais, ma dernière plaidoirie. » Le président était ému. Très courtoisement, il raccompagna le célèbre avocat jusqu'au bout du couloir.

Le dîner des présidents et avocats généraux de la cour d'assises de Paris se tenait une fois par an dans un restaurant proche de la place Saint-Michel. La magistrature est une grande famille, un bloc disparate de destins entrecroisés, d'amitiés solides et parfois de haines vigilantes... et de hasards aussi. À côté du président se trouvait un homme dont le visage ne lui était pas inconnu. « J'ai été votre assesseur en correctionnelle, dans les années 1980, ici à Paris. » Un peu confus, le président se souvenait enfin. « Et aujourd'hui ? » « Je suis substitut général. Depuis six mois, je suis affecté à la cour d'assises… » Ils bavardèrent un long moment, et la conversation tourna sur les avocats pénalistes.

Le nom du vieil avocat fut prononcé par l'un ou l'autre. Le président dit : « Il est fatigué, ne trouvez-vous pas ? Je l'ai vu aujourd'hui. Je sais qu'il… » Brusquement, il s'interrompit, partagé entre la tentation du commérage et le secret promis. Mais l'autre avait compris et souriait déjà. « Non, ne me dites pas qu'il vous l'a fait, à vous aussi. » Le président hésitait à comprendre. Alors l'assesseur l'éclaira : « Depuis six mois, cet avocat raconte à tous les présidents de France et de Navarre que c'est devant eux qu'il va faire… sa dernière plaidoirie… »

Le grand défenseur

Le président était un homme d'expérience et de conciliation. Il se vantait de n'avoir jamais d'incidents avec les avocats. Il était surtout habile dans son évaluation des rapports de forces, et préférait s'estimer habile plutôt que complaisant. Il percevait parfois confusément qu'il n'était pas d'un grand courage, mais il chassait vite ces instants de lucidité. En tout cas, les peines prononcées par la cour d'assises, lorsqu'il en était le président, étaient toujours modérées, et de ce fait, contre ses arrêts, les voies de recours rarement exercées.

L'avocat était de ceux que l'on qualifiait autrefois de « grand ténor », une conscience également, car tous savaient ses engagements politiques, et dans son combat en faveur des accusés broyés à la fois par un destin injuste et des institutions – police et justice – aussi impitoyables l'une que l'autre, il était infatigable et pugnace.

Le magistrat du parquet, substitut en temps ordinaire, lorsqu'il était affecté dans une juridiction qui ne se trouvait pas dans la même ville que la cour d'appel, occupait provisoirement la fonction d'avocat général pendant la session d'assises. Celui-ci n'était sorti de l'École nationale de la magistrature que depuis quatre années. Il était considéré comme l'un des éléments les plus prometteurs de sa promotion. Il avait en particulier un véritable talent d'orateur, ce qui lui permettait de se confronter, lorsqu'il était amené à requérir devant la cour d'assises, aux plus célèbres avocats du barreau de Paris.

Les assesseurs, un homme et une femme, n'avaient pas choisi d'être là, mais, compte tenu de leurs attributions habituelles de « civilistes », ils examinaient toujours avec une attention vigilante les éléments de preuve avancés par les parties. Leur rigueur en imposait au président, lequel, peut-être trop ancien dans sa fonction, se laissait parfois aller à privilégier ses impressions sur sa raison.

La victime partie civile était un petit homme brisé et totalement dépassé par le drame qui avait bouleversé son existence. Sa femme avait été tuée par un voleur toxicomane, surpris lors d'un cambriolage, alors que lui-même se trouvait à l'étranger pour un déplacement professionnel. C'est lui qui avait découvert le corps de son épouse. Il ne s'en était toujours pas remis.
Son avocat lui avait été proposé par son employeur, et celui-ci n'était pas du tout familier de la cour d'assises. C'était un homme entre deux âges, discret, sérieux, très scrupuleux, qui ne laissait jamais son client seul au banc de la partie civile.
L'accusé était un vieux gamin perdu. La drogue avait précipité son naufrage. Le cannabis, d'abord, qui avait rapidement perturbé une scolarité déjà difficile, puis l'héroïne, et pour finir le crack. Sa mère l'avait élevé seule, mais, épuisée par ses demandes d'argent incessantes et ne supportant plus de le croiser lorsqu'il était visiblement sous l'empire des toxiques, elle l'avait mis à la porte alors qu'il n'avait pas vingt ans. Maintes fois condamné pour des vols à répétition, il ne sortait de prison que pour retomber dans l'ornière, les squats, les dealers, et la recherche désespérée d'argent. Le jour des faits, muni d'un couteau et en état de manque, il avait agi, selon lui, comme dans un brouillard et ses souvenirs étaient confus.
« L'audience est ouverte, vous pouvez vous asseoir. »
Après le premier jour d'audience, l'avocat de l'accusé était envahi par une sensation très désagréable : les débats se déroulaient mal pour son client. La déposition de l'expert psychiatre avait été catastrophique. Le jeune substitut s'était montré très offensif, et le psychiatre, en réponse aux questions du ministère public, avait été beaucoup plus pessimiste dans ses conclusions orales que dans celles de son rapport écrit sur les possibilités, les impossibilités plutôt, de réinsertion de son client. Ce dernier, lui non plus, n'avait pas favorisé sa propre défense. Il reconnaissait les faits du bout des lèvres. « J'ai oublié », se contentait-il de

répondre à toutes les questions relatives au crime. Il apparaissait veule, peu courageux, fermé, et semblait totalement indifférent au sort de sa victime. Quand le président insistait, il se laissait aller parfois à des réactions trop vives : « Je ne dirai rien d'autre, puisque je vous dis que je ne m'en souviens plus », qui révélaient une colère mal contrôlée.

Le substitut insistait à chaque occasion sur ce comportement totalement narcissique et ces réactions impulsives à la moindre frustration, qui ressortaient également de l'expertise. Le regard que les jurés portaient de temps en temps sur l'accusé paraissait à l'avocat dénué de la moindre indulgence. Il décida qu'il fallait faire renvoyer l'affaire.

Le substitut observait l'avocat. « C'est un combat », pensait-il, et il était vigilant. Conscient en effet que les débats tournaient de plus en plus mal pour la défense, il s'interrogeait sur la stratégie future du grand défenseur. Et pourtant le président lui apparaissait très complaisant avec cet avocat célèbre, et il ne lui paraissait pas faire à chacun la part égale. Dès que le substitut voulait poser une question, le président regardait sa montre et manifestait son impatience, et parfois il disait : « Cela a déjà été évoqué, Monsieur l'avocat général, croyez-vous votre question vraiment utile ? » En revanche, il n'interrompait jamais la défense, et ne s'insurgeait pas quand l'avocat, interrompant le ministère public, prenait la parole à contretemps.

Le matin du second jour d'audience, le substitut remarqua l'avocat qui se dirigeait discrètement vers les dépendances et le bureau du président. Méfiant, il le suivit. « J'allais voir le président. » « Moi aussi », rétorqua le substitut, et l'avocat, malgré son expérience et son autorité, n'osa pas lui demander pourquoi, ni tenter de l'en empêcher... Et le substitut assista à un échange surréaliste entre deux vieux renards.

L'avocat plaidait avec insistance : il fallait renvoyer l'affaire. En conscience, il ne pouvait continuer à défendre un accusé qui se

trouvait dans un tel état de détresse. Son amnésie et ses mouvements incontrôlés de colère démontraient un état mental totalement perturbé et absolument incompatible avec la poursuite de sa comparution devant la cour. Le président, consterné à la pensée d'avoir fait tout ce travail en pure perte, tentait de dissuader l'avocat. « Rassurez-vous, Maître, nous avons bien perçu les difficultés de votre client et nous en tiendrons compte. »
Le substitut, entendant ce discours, s'étrangla silencieusement d'indignation : « Ma parole, il lui promet un verdict indulgent ! »
Le président ajouta à mi-voix, en posant le bras sur l'épaule de l'avocat : « La détention provisoire dure depuis trop longtemps. Votre client, j'en suis certain, préfère être rapidement fixé sur son sort », et à voix plus basse encore – du moins le croyait-il – il ajouta : « Il n'aura pas lieu de se plaindre. »
Le substitut se détourna. Le rouge lui montait au front devant cette connivence pour lui intolérable. L'avocat, soulagé, quitta le président sans persister dans sa demande de renvoi de l'examen de l'affaire, et le président, rassuré, congédia froidement le substitut, auquel il n'avait même pas demandé le motif de sa visite.
Le substitut, cette nuit-là, ne parvint pas à s'endormir. Il fallait allumer un contre-feu. Il y réfléchit toute la nuit.
Le lendemain matin, il arriva très tôt au palais, et fit les cent pas dans le couloir que devait emprunter le président. Il feignit de l'y rencontrer par hasard et simula un oubli relatif au planning de la dernière journée d'audience. Il s'imposa ainsi dans le bureau du président, qui déjà enfilait sa robe. Les mots qu'il prononça alors avaient été pesés durant toute sa nuit d'insomnie.
Faisant mine de partir, il se retourna soudain avec un sourire complice : « Au fait, Monsieur le président, je voulais vous raconter quelque chose : hier en partant j'ai observé Me X. lorsqu'il quittait votre bureau. Ces grands avocats sont vraiment beaucoup trop sûrs d'eux-mêmes. Si vous aviez vu son sourire ! Il était satisfait, presque narquois, triomphant même... Comme s'il était

certain d'un verdict d'indulgence. Quelle incroyable suffisance, tout de même... Mais pardonnez-moi, je ne vous retarde pas davantage. » Et c'était lui qui, à son tour, s'éloignait en souriant devant le visage pétrifié du président.

Le verdict fut sévère, et le grand défenseur ne pardonna jamais sa « trahison » au président.

La plaidoirie rentrée

Me Z. en avait fait son combat emblématique : le cannabis devait être légalisé. Il ne fallait plus, en tout cas, poursuivre les simples usagers. Me Z. était invité à tous les débats relatifs à ce problème, les journalistes de télévision l'appréciaient car il était un orateur brillant et parfois cinglant. Les alcooliques et les fumeurs de nicotine constituaient ses cibles privilégiées, et il brandissait à leur encontre des statistiques irréfutables : « Ce sont eux dont les cancers du poumon et les cirrhoses du foie contribuent à grever le budget de la Sécurité sociale. » Il s'en prenait aussi aux buralistes et à l'État, qui taxe lourdement les cigarettes, qui tiraient profit de ce qu'il nommait « les drogues licites qui font des ravages sur la santé publique ».

Il était très convaincant lorsqu'il évoquait toute l'économie parallèle liée à l'interdiction du shit et à son trafic, alors que la légalisation qu'il appelait de ses vœux permettrait de voir se tarir un trafic générateur d'une délinquance qui régnait dans les cités.

Il était éloquent. Il écrivait des livres. Il donnait des conférences.

Ce jour-là, la xieme chambre du tribunal correctionnel de Paris devait juger un fumeur de cannabis impénitent qui, en dépit de multiples avertissements et injonctions thérapeutiques, persistait à consommer ses joints les uns après les autres dans la rue, au vu et au su de tous, et de préférence à proximité de fonctionnaires de police. Le procureur avait décidé qu'il en avait assez de ces provocations, qu'il fallait en finir, et le jeune homme était cité à comparaître à 13 heures pour « usage de stupéfiants ». La peine théoriquement encourue était, outre l'amende, d'une année d'emprisonnement.

Le prévenu avait choisi Me Z., qui avait décidé d'assurer gratuitement sa défense. Sa motivation était évidente : les simples usagers de cannabis étaient très rarement poursuivis directement devant la juridiction correctionnelle, les parquets choisissant

généralement de se limiter à de simples avertissements, et, en cas de réitération, proposaient le suivi médical par le biais de la procédure de l'injonction thérapeutique.
Me Z. allait enfin, du fait de cette poursuite, user et jouir d'une magnifique tribune. Il avait averti toutes ses relations des media, et les informations du matin avaient bien mentionné la tenue de cette audience qui, selon le défenseur (lequel multipliait les interviews), allait avoir une portée symbolique. Les journalistes étaient venus nombreux. De jeunes avocats étaient là également, pressés au deuxième rang du banc réservé à la défense, comme au spectacle.
En préparant son dossier, Me Z. eut envie de démontrer à tous qu'il connaissait parfaitement les arcanes de la procédure pénale, et il décida, pour faire bonne mesure, de montrer les faiblesses techniques du parquet en relevant une erreur minime (la surcharge d'une date) dans la citation à comparaître qui avait été délivrée à son client.
Cela n'aurait pu constituer un argument de nature à faire déclarer la citation irrégulière, il le savait très bien, mais il était déterminé à ne rien laisser passer. De toute façon, après cette escarmouche de pure forme, le tribunal allait suivant l'usage « joindre l'incident au fond » et poursuivre l'examen de l'affaire. Me Z. se sentait comme un toréador à l'entrée de l'arène, son excitation était à son comble, on allait voir ce que l'on allait voir.
Le président était un homme discret et taciturne qui n'aimait pas la publicité. Il respectait (comment aurait-il pu en être autrement ?) le principe fondamental de la publicité des débats, mais il détestait se trouver ainsi malgré lui sous les feux des projecteurs. Le greffier vint l'avertir que la salle d'audience était comble et que l'avocat du prévenu était en train de tenir une conférence de presse improvisée dans la salle des pas perdus.
À 13 heures précises, le président déclara l'audience ouverte et appela l'affaire. Me Z. déposa d'une démarche assurée ses pre-

mières conclusions relevant l'irrégularité de la citation. Il s'expliqua sur l'incident, et le procureur répliqua.

À la surprise générale, le président ne prononça pas la phrase rituelle : « Le tribunal joint l'incident au fond. » Il se pencha tranquillement vers son assesseur de droite en se masquant la bouche : « Je pense qu'il faut annuler, êtes-vous d'accord ? » Totalement surpris et désarçonné devant l'assurance du président, l'assesseur opina sans réfléchir. Même jeu vers l'assesseur de gauche, lequel commençait à comprendre, et qui opina lui aussi. Tout le monde attendait.

Le président déclara d'une voix forte : « La citation est annulée, affaire suivante. » Me Z. resta pétrifié, debout, la bouche ouverte. De mauvaises langues racontèrent plus tard au président que l'avocat avait été victime, la nuit suivante, d'une violente éruption d'urticaire, symptôme révélateur d'un grave traumatisme professionnel nommé… « la plaidoirie rentrée ».

Chapitre 7

L'absurde tout simplement

Inattendues, burlesques, loufoques, invraisemblables, certaines situations semblent inimaginables. Je ne les ai pas inventées ; pour la plupart, je les ai vécues directement. Elles ne sont pas particulièrement révélatrices, comme les autres faits relatés dans les précédentes chroniques, de situations ou de comportements révélateurs de dysfonctionnements ou d'appréhensions améliorables, elles illustrent uniquement une évidence : la réalité dépasse parfois la fiction.

La protection terroriste

Chacun s'accordait à reconnaître que le procès allait être difficile. Les faits qui étaient reprochés aux seize prévenus étaient qualifiés d'« association de malfaiteurs ayant pour objet de préparer des infractions de terrorisme ». Il s'agissait de juger les membres présumés d'un groupe soupçonné d'entretenir des relations étroites avec Al Qaeda. La peine encourue était de dix années d'emprisonnement.

Aucun des prévenus ne reconnaissait avoir commis des actes préparant à une quelconque action terroriste, ni même, car cela pouvait constituer un élément suffisant pour l'accusation, avoir adhéré à un tel groupement en connaissance de cause. Ils niaient toute entente et toute résolution d'agir. Ils étaient innocents et injustement poursuivis, affirmaient-ils. Seuls trois des prévenus étaient incarcérés. Le ministère public les considérait comme les leaders du groupe, en raison de certains documents de propagande découverts à leurs domiciles, et surtout de leurs multiples voyages en Afghanistan et au Pakistan, ainsi qu'à Londres, où ils avaient été observés aux abords de la mosquée de Finsbury Park.

Tous avaient eu entre eux des contacts téléphoniques qui paraissaient d'autant plus suspects qu'ils correspondaient aux temps de la préparation de certains attentats nettement évoqués dans leurs échanges captés par les écoutes et dans certains des documents découverts lors des perquisitions.

Le président n'était pas un homme habituellement craintif, et seule la lourdeur de la procédure et l'organisation des audiences comportant un nombre inhabituel de prévenus le préoccupaient. Depuis deux semaines, il était enfermé chez lui avec les quinze tomes du dossier, ce qui représentait environ quinze mille pages à lire et à analyser. Il dressait des tableaux, il faisait des graphiques, il reliait des noms avec des flèches, il voulait que cela soit clair, pour lui et pour tous ceux qui participeraient

ou assisteraient aux audiences. Mais il ne redoutait rien pour lui-même. Il ne se sentait pas menacé.
En revanche ses deux assesseurs n'étaient pas rassurés. Deux tours venaient de s'écrouler à Manhattan. Ils avaient demandé à le rencontrer de toute urgence. On voyait depuis quelques années, dans le palais de justice de Paris, certains juges arriver à l'arrière d'une voiture qui s'arrêtait juste au bas des marches qui conduisaient aux bureaux occupés par la « section antiterroriste », où ils se rendaient escortés par deux gardes du corps. Quelques autres magistrats, des juges financiers, étaient eux aussi quotidiennement accompagnés. Les deux assesseurs attendaient le président à la porte de son bureau, et dès son arrivée lui exprimèrent leur grande angoisse à la perspective du procès qui allait s'ouvrir dans quelques jours. Ils exigeaient une protection.
Le président n'était pas convaincu quant à lui de l'existence d'un danger quelconque, et il tenta de les rassurer. Il leur rappela qu'en France on ne s'attaque pas physiquement aux juges, et que le seul précédent, à Marseille, avait été le fait de malfaiteurs trafiquants de drogue, pas de « terroristes ». En vain.
Il ne parvenait pas à démêler, chez ses deux interlocuteurs, la part de crainte irrationnelle effectivement ressentie ou le désir beaucoup moins noble d'obtenir, grâce à la protection policière, une conduite quotidienne en voiture avec chauffeur de leur domicile au palais. Mais il n'y avait rien à faire. Ils étaient déterminés : « Nous ne pourrons siéger dans cette affaire si nous ne sommes pas protégés. »
De guerre lasse, il s'en était ouvert au président du tribunal, qui avait communiqué la requête au ministère de l'Intérieur en demandant une protection pour les trois magistrats. Cette protection, lui ne l'avait pourtant pas sollicitée. « Il ne peut être question de protéger les assesseurs et pas le président, qui, à l'évidence, si danger il y a, est le plus exposé », avait décidé la

hiérarchie, et la demande avait été agréée. C'est ainsi qu'il avait, pendant quelques semaines, vécu sous protection policière.
Le premier jour d'audience, à 8 heures du matin, deux hommes en civil, dans une voiture banalisée, étaient venus le chercher à son domicile. Il n'y demeurait que depuis trois semaines, il venait juste de déménager, et ne connaissait pas encore ses nouveaux voisins. L'un d'eux s'apprêtait à sortir de l'immeuble au moment où les deux gardes du corps y pénétraient. Il observa avec stupéfaction deux hommes qui regardaient les coins et les recoins, montaient les marches puis les redescendaient et surveillaient toutes les personnes empruntant le petit ascenseur. Sa curiosité le fit interpeller le nouveau locataire qui rejoignait les deux policiers affairés. Étourdiment, sans réfléchir, le président lui répondit qu'il n'y avait pas lieu de s'inquiéter, et que ce remue-ménage était dû simplement au fait qu'il était chargé d'un dossier de terrorisme.
Le voisin était, hélas, un « oisif important », de ceux qui se sentent investis de la mission consistant à veiller sur la tranquillité de leur immeuble et de ses habitants, et la nouvelle se répandit très vite. Le président comprit trop tard qu'il aurait mieux fait de se taire en constatant les regards peu amènes de ses colocataires, qui semblaient le considérer comme un personnage indésirable car potentiellement dangereux. Chaque matin en tout cas, les deux policiers étaient là. Eux-mêmes avaient dû considérer que le danger était tout relatif, car désormais ils attendaient simplement près de la voiture.
Les audiences devaient durer un mois. La chambre correctionnelle fonctionnait, comme toutes à Paris, par demi-semaines. Le lundi, le mardi et le mercredi matin étaient consacrés à l'affaire, et c'est un autre président et d'autres juges qui occupaient les mêmes locaux durant la fin de la semaine.
Le président découvrit alors avec stupéfaction l'organisation de sa protection : les lundis, mardis et mercredis, il bénéficiait d'une escorte… mais le reste du temps, il était seul. Il songea en riant

qu'un vrai terroriste n'aurait peut-être pas de scrupules à le faire suivre et à commanditer une agression en fin de semaine. Mais il n'était pas au bout de ses surprises.

Après un mois d'audiences houleuses, et à l'issue des plaidoiries des avocats qui parlaient constamment d'abus de droit et de violation des droits de l'homme, le président annonça que le tribunal mettait l'affaire en délibéré et rendrait sa décision dans trois semaines, soit, très précisément, le 5 décembre.

Les deux policiers l'attendaient pour le raccompagner, puis, arrivés devant sa porte, ils lui annoncèrent aimablement qu'ils ne le verraient plus, leur mission étant terminée, et qu'ils avaient été contents de le connaître. « Mais, mais, le 5 décembre ? » balbutia le président. « Cela n'est pas prévu. » Il était stupéfait. Si danger il y avait, en cas de prononcé de condamnations lourdes, n'était-ce pas précisément ce jour-là ?

Les policiers lui suggérèrent de présenter une demande spécifique, et la vérité oblige à dire que l'on donna satisfaction au président, qui bénéficia une dernière fois de l'escorte le jour où fut prononcée la décision.

La bague

Les institutions et leurs serviteurs, les rigidités, l'irresponsabilité... Il est souvent possible d'éviter la catastrophe. Peut-on secouer la routine, le conformisme et la crainte du regard de l'autre ? Que se serait-il passé si le gardé à vue, grâce à un médecin moins crispé sur ses positions, ou un chef du dépôt moins bloqué par ses syndiqués, ou un substitut moins tétanisé par ses chers collègues, avait été mis à même de rendre la bague, et si le bijoutier avait, de ce fait, retiré sa plainte ?... En vérité, probablement rien d'autre.
Le bijoutier était vigilant. Le jeune homme qui était venu lui demander conseil n'avait pas l'air tout à fait à l'aise. Il cherchait, disait-il, une bague de fiançailles. Le client ne payait pas de mine, et cependant n'avait pas frémi devant les prix élevés des bijoux présentés dans des écrins tapissés de velours. Il devait réfléchir... (Bien sûr, pensait le bijoutier, sans illusions, qui savait que les bagues de toute évidence n'étaient pas à la portée de ce client à la mine trop modeste.)
C'est pourquoi le bijoutier avait vérifié les présentoirs... et découvert aussitôt que l'une des bagues n'était plus à sa place. Il s'était précipité dans la rue. Le jeune homme disparaissait au tournant, mais par bonheur le commissariat était voisin, et, quelques rues plus loin, le suspect avait été interpellé.
Conduite dans les locaux de police, fouille à corps, dénégations hésitantes : l'officier de police judiciaire avait décidé et de la garde à vue, et de la radiographie : elle était là, bien visible dans l'œsophage avec la pierre qui dépassait en arrondi.
Confronté aux résultats de la radiographie, le suspect avait avoué sans réticence, il voulait rendre la bague. D'autant qu'une précédente peine avec sursis était suspendue au-dessus de sa tête et qu'il espérait un retrait de plainte, auquel le bijoutier n'était pas hostile s'il récupérait rapidement son bien.
Le substitut de permanence donna son accord, comme le gardé

à vue, à l'emploi de vomitifs durant les premières vingt-quatre heures.
Rien !
Une nouvelle radiographie fut effectuée, conjointement décidée par le mis en cause, les enquêteurs et le parquet. La bague n'était plus à sa place initiale, elle s'était lovée dans un recoin de la cave stomacale. Il fallait attendre et passer à une autre offensive. On prolongea la garde à vue de vingt-quatre heures, et l'on passa aux laxatifs.
Rien !
Il restait douze heures de garde à vue quand le substitut appela Madame le médecin-chef des Urgences médico-judiciaires de l'Hôtel-Dieu, situé juste en face du palais de justice : « Je vous envoie un gardé à vue, pour la salle Cusco, il détient une bague dans le système digestif ou intestinal (à ce stade, je ne sais plus), vous verrez ses radios. »
Madame le médecin-chef était interloquée d'une demande aussi péremptoire qu'inopportune. « En quoi cela me concerne-t-il ? » « Mais enfin, tous les jours je vous envoie des passeurs, des "mules" avec des boules de plastique remplies de stupéfiants *in corpore* et cela ne fait pas problème... » Madame la responsable des urgences ne désarmait pas et le fit savoir vertement au magistrat : « La différence, Monsieur le substitut, c'est que ces gens-là risquent leur vie, alors qu'on peut vivre avec une bague ou autre chose dans l'estomac bien longtemps sans le moindre dommage. Mon service n'est pas fait pour cela, envoyez-le au dépôt. » « Mais... et... et la bague ? comment la récupérer ? » balbutia le magistrat. « Ah, parce que vous croyez que mes médecins et mes infirmiers sont là pour récupérer le butin ? J'ai dit : "Au dépôt" », trancha, furibarde, Madame le médecin-chef, qui raccrocha.
Le substitut, désemparé, fut informé que le bijoutier était au bout du fil et demandait des nouvelles de sa bague. Il appela le responsable du dépôt, et, doucement, lui expliqua la situation :

« Les quarante-huit heures vont expirer ce soir, je verrai le déféré demain matin, il est sous laxatif, dans l'intervalle peut-on vérifier dans ses selles ? » Un grand silence au bout du fil. Puis la réponse : « Monsieur le procureur, vous n'y pensez pas ! »

Le substitut ne savait comment réagir face à un refus aussi catégorique qu'inhabituel... « Je n'imagine pas une seconde demander aux gardiens de la paix qui travaillent avec moi d'aller faire ce genre de vérifications, j'imagine la réaction des syndicats s'ils étaient informés d'une pareille demande, c'est absolument inenvisageable... En revanche (et le responsable semblait heureux de sa suggestion)... En revanche, voici ce que je vous propose : nous lui donnons un pot de chambre et des gants, et... il fouillera lui-même. »

Le temps passait. Le substitut s'ouvrit de la difficulté auprès de ses collègues. Leur réaction fut véhémente : « Lui faire fouiller ses excréments ? Tu parles sérieusement ? Tu connais l'article 3 de la Convention européenne des droits de l'homme et des libertés fondamentales ? Tu as bien lu ce qu'ils viennent de publier dans *Libération* sur le dépôt du parquet de Paris ? Tu sais ce que signifie "traitement inhumain ou dégradant" ? »

Le substitut demanda simplement que l'on poursuive, avec l'accord du gardé à vue, le traitement par laxatifs.

Rien !

Le lendemain matin, le jeune homme était devant lui. Il allait comparaître devant le tribunal. La bague était toujours à sa place, tranquillement tapie dans le même recoin de son estomac. Il voulait bien la rendre, disait-il, mais pas au point de se faire opérer si ce n'était pas nécessaire pour sa survie. Le bijoutier s'énervait, confronté à une police et une justice aussi inefficaces l'une que l'autre.

Il comparut devant le tribunal. Fut envoyé en détention pour quelques mois, compte tenu de la peine précédente... avec sa bague.

Le bizutage

Elle était impressionnée par le cérémonial de son installation mais n'avait pas perdu tout son esprit critique... En voyant ses futurs chefs de cour et de juridiction, parés d'hermine et de médailles, avec leurs gants blancs et leurs toques noires aux trois lisières dorées, leurs robes rouges et leurs rabats immaculés, elle pensait à Molière et aux mamamouchis.
En réalité, elle était partagée. Car elle était aussi émue et fière, avec la pensée de sa mère, son mari et ses enfants sagement installés avec tout le monde dans la salle d'audience de l'autre côté de la porte. Elle attendait avec émotion les deux cérémonies successives qui allaient définitivement l'adouber : sa prestation de serment devant la cour, et son installation au sein du tribunal.
Tout s'était bien passé. Les discours ne l'avaient pas déçue, et l'avaient même rassurée. Le rapide portrait d'elle-même tel que brossé par ses hiérarques était évidemment aimable. (Elle voulait ignorer que c'était simplement l'usage.) En réalité elle n'avait pas confiance en elle et s'étonnait parfois de son audace. Elle allait exercer les fonctions de membre du ministère public en qualité de substitut du procureur au parquet de X., dans l'ouest de la France.
Dès le lendemain, elle s'était retrouvée dans un bureau sombre et étroit, et le procureur lui avait expliqué que, compte tenu de la modestie de sa juridiction, elle devrait assurer la permanence un week-end sur trois. En cas d'urgence et de difficulté extrême, ou d'une affaire à signaler, elle pouvait lui téléphoner. Elle s'était renseignée auprès de ses collègues : quelles étaient les affaires à signaler au procureur ? Ses nouveaux collègues étaient sympathiques et solidaires, et l'avaient gentiment mise au courant : « C'est très simple, tu signales tous les crimes, et tous les autres faits divers dont la presse va parler. » Elle avait insisté : « C'est-à-dire ? »

Leur réponse n'avait pas été rassurante : « Là est tout le problème. On ne peut pas savoir ce qui va, ce jour-là, intéresser un journaliste. Le bon substitut est celui qui devine, mais cela dépend de tant de paramètres... Deux faits similaires, même à l'autre bout de la France, et ils fabriquent une "loi des séries", un "fait de société", et ton affaire de quatre sous se trouve soudain placée sous le feu des projecteurs. Dans notre fonction, comprendre et gérer les media, c'est le plus difficile... »
Et pour l'effondrer davantage, ils lui racontèrent l'histoire d'un substitut brillant dont la carrière avait été ralentie parce qu'il n'avait pas deviné qu'une agression pour lui banale était, un jour qu'il était de permanence, du fait de tels rapprochements fortuits, devenue soudain pour la presse et la télévision le dossier de la semaine, dont il avait, hélas, omis d'avertir sa hiérarchie en temps utile....
L'un de ses amicaux collègues avait cru bon d'ajouter à son angoisse : « Nous avons une tradition, le bizutage du nouveau substitut lors de sa première permanence, mais je ne t'ai rien dit. » Depuis deux semaines déjà, elle occupait sa fonction toute nouvelle, et appréhendait la première permanence qui commençait le vendredi à 18 heures et ne se terminerait que le lundi matin à 9 heures. Elle se sentait désemparée car ses deux collègues étaient absents pour le week-end, et elle avait compris qu'ils ne souhaitaient pas être dérangés. Elle devrait se débrouiller seule.
Le premier jour, tout s'était miraculeusement bien passé. Pas de crime, pas de cadavre, des voleurs, quelques violences, aucune affaire « à signaler ». C'est le dimanche, vers 17 heures, que lui parvint le coup de téléphone. Son interlocuteur avait un fort accent local (ou... le simulait-il ?), il était extrêmement respectueux. « Madame le procureur, je suis le gendarme A. de la brigade de X. Vous savez, il y avait aujourd'hui un meeting aérien et une démonstration de parachutisme à X., et il y a eu un accident. »
Elle l'interrompit aussitôt : « Des morts, des blessés ? » (Elle voyait

déjà les gros titres.) « Non, pas du tout, de ce côté, ça va, mais voilà, Madame le procureur, je vous signale qu'un parachutiste est tombé en dehors de son point d'atterrissage, et le parachutiste, eh bien... il est tombé sur un avion ; lui n'a rien, mais l'avion est drôlement abîmé. »

Elle souriait dans son bureau solitaire, et cherchait en vain à reconnaître la voix de l'un de ses deux collègues. Il lui fallait gagner du temps et faire parler le faux gendarme. « Vous avez bien fait de m'appeler, mais je voudrais savoir, puisqu'il n'y a aucun blessé, pourquoi vous m'avez avisée. » Le gendarme semblait surpris : « Mais, Madame le procureur, c'est écrit tout en bas de nos instructions pour cette mission, c'est marqué : "En cas d'incident, avertir de procureur de X." Alors... je vous avertis. » Il semblait totalement sincère, et elle ne trouvait toujours pas l'auteur de la farce. Elle ne dit rien et décida que l'on s'expliquerait le lendemain.

Le lundi matin, à 9 heures, Monsieur le procureur était déjà dans son bureau. Elle aussi, mais elle traînait dans le couloir pour s'expliquer avec l'auteur du bizutage qu'elle allait faire avouer, quand son téléphone retentit. Monsieur le procureur la mandait d'urgence.

« Madame, vous venez d'arriver, je ne vais donc pas en faire une histoire, mais que signifie ceci, pourquoi ne m'avez-vous pas avisé ? » Il brandissait devant ses yeux l'exemplaire du matin du quotidien *Paris-Normandie*. En première page, une photographie : un avion, un petit Jodel ou un Piper, posé sur une pelouse, dont une aile était très visiblement transpercée, et un gros titre : « Accident au meeting aérien de X. : un parachutiste a atterri sur l'aile d'un avion ».

Le médecin légiste

C'était un grand professionnel. Il les terrorisait tous. Les policiers, les substituts, les autres médecins légistes, il leur faisait peur. Car il n'était jamais content. « Ils ont tout saboté, ils ont tout bousculé, je ne peux plus rien faire... » Ses colères étaient légendaires, et quand on annonçait à un magistrat ou un policier que le Pr X. désirait leur parler, celui-ci tendait le dos en saisissant son récepteur. Le professeur n'aimait pas davantage les médecins attachés aux prélèvements d'organes : « Ils veulent un rein, et ils me rendent un corps inexploitable... Ce n'est pas eux qui doivent s'expliquer deux ans plus tard devant les jurés de la cour d'assises... Et que puis-je dire quand un avocat m'interpelle sur mon autopsie incomplète ? » Tout le monde redoutait ses colères.

Le professeur avait demandé un rendez-vous à Monsieur le procureur de la République de Paris. De ce fait, une réunion générale s'était tenue dans la grande salle de réunion du parquet. Tous les magistrats et hauts fonctionnaires parisiens concernés par les morts violentes étaient présents. Le chef de la brigade criminelle et ses adjoints, tous les substituts des sections du parquet chargées respectivement des crimes flagrants et du terrorisme, le procureur et les procureurs adjoints, tous les médecins légistes disponibles, et même deux des trois procureurs du ressort de la cour d'appel de Paris. Et lui, le Pr X., chef de l'Institut médico-légal de Paris, qui s'était installé en bout de table, juste à côté du procureur.

Ce fut une réunion fructueuse. Le professeur dit vigoureusement à tous les participants tout ce qu'il avait sur le cœur. Il leur donna maint exemple de cadavres abîmés et d'autopsies irrémédiablement compromises par les maladresses des premières interventions policières. Il raconta avec force détails comment des liens déplacés, des couteaux soulevés, des vêtements enlevés lui avaient interdit de reconstituer l'origine exacte d'une blessure,

et il fut décidé que désormais l'on ne toucherait plus à rien. Les consignes furent transmises à tous les policiers dépendant de la préfecture de police de Paris, et appliquées.
Compte tenu de sa taille, la victime devait être une petite femme ou un adolescent. Les meurtriers avaient pris soin d'enrouler le corps dans un grand sac-poubelle de couleur bleue, puis dans un sac de couchage en toile dérobé à la SNCF, dont il portait le sigle, enfin dans un autre sac-poubelle en plastique noir. Les trois emballages avaient ensuite été liés, au niveau du dessus de la tête de la victime, par une corde de marine, un filin blanc resserré si durement et depuis si longtemps qu'il ne pouvait qu'être découpé si l'on voulait dégager le corps de ses trois emballages. L'odeur trahissait une décomposition déjà avancée.
Tout le monde attendait le substitut. Celui-ci faisait partie des personnes qui avaient assisté trois semaines auparavant à la grande réunion provoquée par le médecin légiste. Ce n'était pas un audacieux, et il était obsédé par la crainte de commettre une erreur. Le policier responsable de la division de police judiciaire chargée de ce secteur était, lui aussi, récemment promu à cette fonction. Il avait reçu les consignes. Tous deux se concertèrent et ils prirent rapidement leur décision : « Il ne faut surtout toucher à rien. » Le jeune policier qui devait rédiger le rapport toussota : « Alors je mets X., mais je voudrais préciser quand même, c'est un homme ou une femme ? » Le chef de la division de police judiciaire regardait le substitut. Partagé, hésitant, celui-ci décida finalement de violer les consignes et fit ouvrir soigneusement les sacs.
Il était brun roux, avec de grandes pattes et des oreilles longues et pointues : un énorme chien-loup !
Le Pr X., qui avait bien failli le découvrir sur sa table d'autopsie, n'aurait jamais admis qu'il n'avait pas été victime d'une macabre plaisanterie.

Chapitre 8

Les escrocs

Ils sont souvent incorrigibles et sympathiques, c'est pour cela qu'ils font si facilement des dupes… Synonymes : « aigrefin », « écornifleur », « filou ». De jolis mots. Pour les juges, il s'agit simplement de ceux qui usent de « manœuvres frauduleuses » pour obtenir de l'argent d'autrui avec le consentement de leurs victimes abusées. Certains d'entre eux sont d'éternels joueurs en dépit des sanctions qu'ils savent en leur for intérieur inéluctables.

Les récits intitulés « L'escroc », « La Maserati » et « L'arbre à épices » en portent témoignage.

La Maserati

Depuis son plus jeune âge, il aimait les belles voitures. C'était une passion. Mais il n'avait pas les moyens d'espérer un jour acquérir l'un de ces bolides rutilants qui le faisaient rêver. À peine en possession de son permis de conduire tout rose et tout neuf il s'était promené dans les beaux quartiers de Paris. Il longeait les contre-allées et contemplait les Jaguar anthracite, les Porsche blanches, les Alfa Romeo rouges, et parfois, oui parfois, il pouvait contempler une Maserati dorée.

Il rêvait. Un jour, il n'y tint plus. Il avait remarqué la Maserati métallisée qui stationnait depuis une semaine au bas du boulevard Beauséjour. Il la vola. Son allure lui permettait, le vol accompli, de ne pas apparaître suspect. Il était grand, blond, mince, et son élégance naturelle faisait se retourner parfois les Parisiennes. Il aimait les pull-overs en cashmere et les imperméables anglais, et quelques chèques rarement provisionnés lui permettaient de s'offrir l'apparence des nantis. Mais il n'était pas riche.

Il travaillait dans une agence immobilière de l'avenue Victor-Hugo. Quotidiennement, il faisait visiter de grands appartements à des femmes élégantes qui, lors de la deuxième visite, étaient souvent accompagnées d'hommes arrivés dont il enviait secrètement l'aisance. C'étaient surtout leurs véhicules, avec ou sans chauffeur, qui le fascinaient. L'un des acquéreurs potentiels d'un superbe duplex avenue Georges-Mandel conduisait lui-même une magnifique Morgan bleu marine.

Mais la Maserati était de toutes la plus belle... Dès qu'il eut démarré en profitant de la pente, il décida de faire un tour au bois de Boulogne... Puis il poussa jusqu'à l'autoroute, jouissant de cette formidable puissance qui ronronnait sous lui et obéissait docilement.

Les regards des employés des stations-service et des autres automobilistes le remplissaient d'une délicieuse félicité. Il oubliait totalement à cet instant son travestissement et le rôle qu'il se jouait. Il jubilait. Réaliste cependant, il avait demandé à un ami complaisant de lui trouver des plaques d'immatriculation aux lettres blanches sur fond vert. Il était devenu diplomate, « chef de mission diplomatique », CMD et quelques chiffres, il se sentait protégé par cette immunité métallique.

Et de fait, méprisant superbement les feux rouges et les limitations de vitesse, il n'était jamais interpellé. Pendant trois mois, il avait ainsi vécu dans un rêve, stimulé par les regards appuyés des passants et des touristes attablés aux terrasses de cafés le long desquelles il se garait bruyamment pour acheter des cigarettes. Il était heureux... heureux jusqu'à la panne.

Il avait totalement oublié que la voiture ne lui appartenait pas lorsqu'il se rendit tranquillement chez le garagiste le plus proche de son domicile, près de la gare de Lyon. Il n'avait pas paru suspect. L'allure et l'assurance de ce diplomate ne pouvaient susciter de doute chez le garagiste, qui ne lui avait même pas demandé la carte grise du bolide rutilant. Il aurait prétendu l'avoir oubliée à l'ambassade, mais cela n'avait pas été nécessaire.

En revanche, il n'avait pas imaginé qu'il serait indispensable au réparateur de se procurer une pièce que le concessionnaire n'avait délivrée qu'en vérifiant, par automatisme, les références du véhicule. Il n'avait pas supposé davantage que le propriétaire de la Maserati, après avoir signalé le vol aux services de police, aurait également alerté son concessionnaire parisien, lequel, sachant ces bolides fragiles, avait diffusé l'information à tous les autres, au demeurant fort peu nombreux, pour le cas où quelqu'un viendrait chercher une pièce. C'est ainsi qu'il avait été accueilli par deux fonctionnaires de police en venant reprendre possession du véhicule.

Le juge d'instruction, compte tenu de son absence d'antécédents, ne l'avait pas placé en détention. Après avoir en vain cherché d'éventuels complices et l'existence d'un possible trafic, le magistrat avait rapidement considéré cette affaire comme totalement élucidée. Il avait donc renvoyé après trois mois le dossier à l'examen du tribunal correctionnel. La condamnation (la première) avait été de ce fait assortie du sursis simple. La vie continuait.

Il n'avait pas beaucoup d'argent et avait dû se faire désigner un avocat d'office. Celui-ci était surpris de découvrir, pour la première fois de sa courte carrière, un client aussi sympathique et totalement mythomane, qui se fabriquait une vie d'apparence et rêvait tout éveillé comme un enfant. Son travestissement réussi d'« homme arrivé » élégant, sûr de lui, distingué et affable, qui n'avait pas été utilisé pour autre chose que son illusion, étonnait le jeune avocat.

D'habitude ce type de mise en scène était élaboré afin de permettre à son auteur de simuler « l'existence d'un crédit imaginaire » favorisant la commission d'escroqueries. Or, les seules infractions commises par ce client atypique n'étaient destinées qu'à lui permettre de paraître. Les poursuites, hélas, se multipliaient… Les costumes, les cravates, la serviette de cuir, tout cela avait coûté très cher. En ce temps-là, l'émission d'un chèque sans provision constituait un délit pénalement répréhensible. Et c'est un autre juge d'instruction qui avait été désigné pour rassembler les plaintes et interroger le rédacteur des chèques émis inconsidérément sur un compte totalement vide.

Le jeune avocat accepta de défendre à nouveau, et toujours gratuitement, ce client si sympathique, et il l'accompagna, régulièrement, durant un an, au cabinet du juge qui répertoriait un à un les chèques émis un peu partout. La pugnacité généreuse du jeune défenseur enthousiaste avait triomphé de la tentation légitime du juge, lequel, devant l'addition de plus en plus impressionnante des préjudices, avait envisagé un instant le placement en détention provisoire de son client.

Heureusement, celui-ci travaillait toujours dans son agence immobilière, dont le responsable ignorait totalement ses déboires judiciaires. Cet argument avait convaincu le juge, qui l'avait finalement laissé en liberté. Le jeune avocat était fier d'avoir pu éviter la prison à un client qui manifestait si bien sa volonté de tourner la page et de redevenir un honnête homme.

Il raccompagnait celui-ci dans la cour de Mai, au bas des grandes marches du vieux palais, après l'audience qui s'était très bien déroulée. Ce soir-là le jeune avocat était heureux. Compte tenu de la concomitance entre les émissions des chèques et le vol de la Maserati, la première condamnation avec sursis ne figurait pas sur le casier judiciaire qui avait été joint au dossier au début de l'instruction. Face à ce délinquant pour eux « primaire » (c'est-à-dire jamais condamné) les juges s'étaient montrés cléments, très sensibles à l'un des arguments avancés par l'avocat, qui avait longuement évoqué un projet de loi en discussion tendant à dépénaliser l'émission de chèques sans provision : « Dans quelques mois, pour les mêmes faits, mon client ne comparaîtrait plus devant vous. Le délit n'existera plus. » Une nouvelle peine assortie du sursis avait été prononcée.

Oui, le jeune avocat était heureux, et son client bien davantage... « Je vous raccompagne, Maître ? » Il déclina l'offre. C'est alors qu'il la découvrit : elle était grise cette fois, métallisée, brillante, sans la moindre rayure, d'une propreté impeccable, lustrée à la peau de chamois. Elle se trouvait garée le long des grandes grilles, juste à côté des deux DS noires du bâtonnier et du premier président. Elle occupait l'une des quelques places réservées aux personnalités.

Déjà les préposés au service d'ordre du parking aidaient par gestes le conducteur à la manœuvre. C'était normal : sa plaque était verte en effet, et réservée aux diplomates. Elle portait un unique numéro : 1 CMD 1...

L'escroc

La prison, même quand ce n'est pas la première fois, constitue toujours pour les visiteurs et les avocats un moment difficile de grande culpabilité. Eux, en effet, sont de passage, alors que l'autre, celui qui est là et qui parle de l'autre côté de la table, sait rarement quand les portes s'ouvriront pour lui. Les clés, les grilles, d'autres clés, d'autres grilles, parfois un groupe en file indienne que l'on croise et qui vous regarde, surtout si vous êtes une femme, oui, c'est difficile.

Elle attendait dans le parloir, la petite avocate. Son client était un escroc. Il avait simplement monté une affaire ordinaire : on appelait cela la « carambouille ». Une petite société, un capital minimum, la location d'un local, des commandes livrées, payables à quatre-vingt-dix jours... Et la clé sous la porte, la disparition après revente précipitée et à vil prix des marchandises à des acquéreurs peu regardants, et souvent complices. Tôt ou tard, on se faisait prendre. C'était ce dont son client était accusé. Il n'avait pas contesté les faits, d'autant que la lecture de son casier judiciaire semblait démontrer qu'il en avait l'habitude.

La petite avocate se demandait pourquoi il l'avait fait désigner, elle, par le bâtonnier, pour assurer sa défense. Il n'avait plus d'argent, lui avait-il expliqué. C'était possible, ou bien voulait-il démontrer au tribunal qu'en ne choisissant pas un défenseur connu il n'était finalement qu'un tout petit délinquant, la grande notoriété d'un avocat étant parfois, paradoxalement, interprétée comme le signe que le prévenu a de l'expérience et surtout les moyens de rémunérer un grand pénaliste.

Elle le vit arriver et s'installer tranquillement sur sa chaise. Il avait le double de son âge et des deux était manifestement le plus à l'aise. Il s'agissait de préparer l'audience de jugement qui devait avoir lieu trois semaines plus tard. « Inutile d'insister sur les faits, dit-il. Il faudra essayer d'obtenir l'indulgence. » Et tous

deux, penchés sur quelques documents, un livret de famille, quelques attestations de proches, préparèrent une défense classique. Il fallait surtout tenter de rassurer le tribunal sur l'avenir et démontrer qu'il ne risquait pas de récidiver.
Un ami était parvenu à obtenir pour lui une promesse d'embauche. Sa compagne acceptait de cohabiter à nouveau avec lui quand il sortirait et de l'héberger à son domicile, dont elle avait envoyé la quittance de loyer à l'avocate. Le temps passait. Elle devait s'en aller, et se leva, embarrassée. D'une naïveté confondante, elle lui avoua qu'il était son seul client détenu aux prisons de Fresnes, et qu'en conséquence, pour une seule visite et venant de Paris, cela lui prenait quelques heures.
Elle était de plus en plus mal à l'aise. « Votre dossier est prêt, nous avons tout vu pour l'audience, je ne sais pas, vraiment, si je pourrai revenir vous voir avant l'audience, et en tel cas, exactement quand. » Il souriait. Il s'installa un peu plus confortablement sur sa chaise, et lui déclara, olympien : « Aucune importance, Maître, je ne sors jamais. »

L'arbre à épices

Les procureurs assurent aussi la mise en œuvre de l'exécution des peines. Des « extraits de jugements » se promènent, et des délinquants condamnés qui n'étaient pas présents lors de l'audience ignorent parfois que des avis de recherche les concernant sont tapis dans la mémoire des ordinateurs. C'est ainsi que M. X., au cours de ce mois de juin 1990, avait oublié qu'un tribunal, en son absence, avait statué un jour sur des infractions multiples, toujours les mêmes : des émissions de chèques sans provision. À l'époque, il en avait émis des centaines avant que la banque et ses débiteurs ne réagissent. Le préjudice total était considérable. Il avait été pour cela condamné à six mois de prison.

Les mois et les années avaient passé, et un nouveau ministre de la Justice avait fait voter une loi d'amnistie qui effaçait les peines – si elles ne dépassaient pas six mois –, à condition, comme pour toutes les lois d'amnistie, que les faits aient été commis avant la date de promulgation de la loi.

M. X. était amnistié et ne le savait pas. Un juge, un procureur, un greffier étourdis... D'où était venue l'erreur ? En tout cas, l'extrait de jugement concernant M. X., qui aurait dû ne jamais être diffusé, ou être retiré de la circulation, se promenait toujours, ainsi que l'avis de recherche. C'est ainsi que, pour un malheureux feu rouge, du fait des diligences d'un fonctionnaire de police zélé, il s'était retrouvé bloqué au commissariat avant d'être présenté au procureur chargé de l'exécution des peines.

Le substitut affecté à ce service dans un tribunal de la région parisienne était normalement consciencieux. Il vérifia et constata que M. X. était amnistié. Il convenait de le libérer immédiatement. Le magistrat était confus que l'on ait laissé cet homme retenu plusieurs heures sans raison légitime. « Il vaut mieux que je lui explique, sinon il ne va rien comprendre. » Et le substitut expliqua, annonçant avec le sourire : « J'ai une bonne

nouvelle, vous êtes libre. » M. X. était incrédule : « Je suis vraiment libre ? Je peux partir ? Il n'y a plus rien contre moi ? » Et il quitta le bureau à reculons avec une visible jubilation.
Le substitut était un jeune homme fort occupé, et le lendemain matin, il avait totalement oublié le cas de M. X. Quand il revint de l'audience, il constata qu'un magnifique arbre d'intérieur de haute taille bloquait totalement la porte de son petit bureau et que ses collègues contemplaient, un peu effarés, le superbe présent qui portait la carte d'un grand fleuriste parisien. Une enveloppe était épinglée. Le substitut l'ouvrit : M. X. le remerciait chaleureusement de ce qu'il avait fait en sa faveur la veille.
Un débat improvisé entre les magistrats du parquet s'ouvrit et ne dura que quelques minutes. Le livreur était parti. Il fallait prendre une décision. La lettre que le substitut décida d'adresser à M. X. fut soumise à l'approbation générale :
« Monsieur,
Sachez que la décision qui fut prise à votre endroit hier fut la conséquence de la stricte application de l'article... de la loi numéro..., en date du..., portant amnistie, etc.
Sachez également que les fonctions de magistrat interdisent la réception du moindre présent adressé par un justiciable.
En conséquence, l'arbre que vous avez cru devoir nous envoyer sera affecté à la décoration du tribunal. »
Et l'on fit descendre avec difficulté l'encombrant présent qui fut installé dans le hall. Les chers collègues du substitut vantaient souvent devant celui-ci, et avec le sourire, la bonne santé de son « arbre à épices ».
C'est quelques mois plus tard que le substitut reçut le coup de téléphone du fleuriste parisien. Il demandait si par hasard quelqu'un du tribunal connaissait la nouvelle adresse de M. X. : celui-ci avait payé l'arbre avec un chèque sans provision.

Chapitre 9

Justice et media

Pouvoirs ennemis ? Les magistrats, comme les politiques et les journalistes, sont conscients et jaloux de leur pouvoir. Depuis quelques décennies, les juges osent affronter les media en se rendant sur les plateaux de télévision et en publiant leurs témoignages. Depuis plus longtemps, les journalistes jugent les juges en commentant non seulement leurs décisions, mais la manière dont ils les rendent.

La justice est rendue publiquement, au nom du peuple français, et il est bon, en démocratie, notamment par le biais des chroniques judiciaires, que les juges répondent indirectement de la manière dont ils exercent leurs fonctions.

Parfois, le pouvoir des juges s'exerce à l'opposé directement *sur* les media, par le canal des décisions rendues à la suite d'actions en diffamation intentées par des personnes qui s'estiment injustement salies par un article de presse.

Je n'ai évoqué ici qu'une anecdote parfaitement authentique (« Le débat télévisé »), dont le héros involontaire, journaliste de télévision reconnu mais non identifiable (il en est des dizaines et j'ai composé un portrait en empruntant les traits de plusieurs d'entre eux... je ne risque donc pas de poursuite en diffamation, il me faut sur ce point rassurer mon éditeur), ce journaliste, donc, fut rattrapé par son passé.

Je ne peux pas ne pas évoquer l'expérience qui fut la mienne avec les deux films de Raymond Depardon (films documentaires intitulés *Délits flagrants* et *Dixième chambre, instants d'audience*, respectivement sortis sur les écrans en 1994 et en 2004) auxquels j'ai été amenée à participer, et dont je reconnais volontiers qu'ils me permirent de dialoguer avec des spectateurs de tous âges (collégiens et adultes) et de toutes origines, pour tenter de leur faire mieux appréhender *leur* justice.

Le débat télévisé

Il ne fut pas toujours admis par une hiérarchie sourcilleuse qu'un magistrat ose se placer sous les feux des caméras, et il fut un temps où aucun juge du siège ou substitut (à l'exception des représentants des syndicats, parlant uniquement à ce titre) n'aurait osé participer à une émission télévisée sans l'aval de sa hiérarchie.
Les choses ont bien changé depuis, peut-être, que le Conseil supérieur de la magistrature rendit un avis par lequel il autorisait le magistrat, comme tout citoyen, à s'exprimer, y compris sur les questions de justice, à condition de respecter son obligation de réserve.
La jeune substitut au parquet de Marseille avait été désignée par la chancellerie, qui avait donné son nom au réalisateur. Elle ne savait pas jusque-là qu'elle se trouverait un jour confrontée aux caméras. Elle était arrivée depuis cinq années seulement dans la magistrature. Elle était chargée des « atteintes aux personnes » et, depuis la gifle appuyée jusqu'au meurtre prémédité, c'est-à-dire à l'assassinat, elle traitait tous les dossiers de violences. C'est cela qui lui avait fait prendre conscience des drames des femmes battues, parfois jusqu'à la mort, par leurs compagnons, et surtout de leur nombre, bien avant tout le monde.
Au cours d'un colloque, elle avait pris la parole et communiqué ses inquiétantes statistiques. Elle avait proposé, avec la passion un peu naïve qui la caractérisait, un nouveau regard sur cette forme de délinquance particulière et camouflée, et, pourquoi pas, la mise en place d'une nouvelle politique pénale. Son procureur s'était montré tout à fait favorable à ses propositions, qu'elle avait pu commencer à mettre en pratique et qui consistaient à faire systématiquement présenter l'homme violent devant un magistrat du parquet qui tenterait de lui faire prendre conscience qu'il avait bien commis une infraction et non simplement réglé à sa manière une dissension conjugale.

Cette nouvelle appréhension de cette délinquance particulière, elle l'avait longuement décrite lors de cet échange public. Elle avait été très écoutée. C'est là qu'une collaboratrice du célèbre journaliste l'avait remarquée. Il était Narcisse incarné.
Présentateur d'une émission télévisée hebdomadaire très suivie, il n'avait plus à prouver quoi que ce soit à quiconque. Il avançait, toujours souriant, certain d'être reconnu dans la rue, et il ne faisait pas semblant d'en être importuné. C'était presque son oxygène. Il avait un réel talent d'animateur et savait se montrer, avec les institutions et leurs représentants, offensif et iconoclaste. Cela plaisait beaucoup aux téléspectateurs.
Redresseur de torts ou démagogue ? Il était un peu les deux, mais il avait compris que son agressivité envers les détenteurs de pouvoir durant les débats qu'il organisait ne lui nuisait pas, bien au contraire. Il avait perçu l'impuissance des personnes qu'il agressait ainsi publiquement, et la tendance « jeux du cirque » de son émission s'accentuait, semaine après semaine.
Quand parfois, ayant pris la précaution de regarder son émission avant de s'y soumettre, un représentant d'une administration quelconque refusait de se rendre à son invitation, il le fustigeait publiquement en montrant une chaise vide. Aussi quand la jeune substitut annonça à sa meilleure amie qu'elle était invitée à participer à l'émission en question, cette dernière, en guise de conseil, lui dit simplement : « N'y va pas. »
Elle ne l'avait pas écoutée et commençait à le regretter dans la salle de maquillage. L'animateur, élégant et toujours bronzé, l'avait pourtant accueillie avec le sourire. Mais un pressentiment s'insinuait en elle, il souriait trop, justement – « c'est pour mieux te croquer mon enfant », songeait-elle –, mais il était trop tard.
Et puis il y avait les jeunes femmes, victimes de violences conjugales, invitées comme elle à débattre. Elle les sentait hostiles, et quand elle s'était présentée à elles en ajoutant « magistrat », elle avait perçu leur raideur.

Le plateau était installé et chacun avait pris sa place. À côté d'elle était assise une psychiatre qu'elle connaissait depuis longtemps et qui comme elle et parmi les premières s'était mobilisée pour mieux venir en aide aux femmes battues. Il y avait aussi un policier de quartier mandaté par sa hiérarchie.

La disposition des invités de l'émission était déjà révélatrice : tous trois étaient regroupés et littéralement coincés derrière des sortes de petits bureaux, et leurs micros étaient fixés sur leurs tables. Aucun d'eux n'en maîtrisait la mise en route ou l'interruption. En revanche, les femmes victimes étaient installées au premier rang du public avec en mains un micro mobile dont il allait apparaître qu'il était toujours ouvert, ce qui leur permettait de s'exprimer et d'être entendues en permanence. Les unes pouvaient donc parler et interrompre sans limite, les trois « institutionnels » non.

Le journaliste virevoltait de l'un à l'autre, Monsieur Loyal était debout, et avant le tournage en direct qui allait commencer dans quelques minutes, tout en tendant le cou à la maquilleuse qui le suivait comme son ombre et veillait à le repoudrer jusqu'au dernier moment, il leur prodiguait ses dernières instructions : « J'entendrai d'abord les victimes, puis vous interviendrez, vous d'abord [il s'adressait au policier], mais votre réponse doit ne durer qu'une minute, deux au maximum. » Il donna la même consigne à la psychiatre, puis à elle…

Elle songeait à la salle d'audience et au principe du « contradictoire », et pensait, lucidement, qu'elle avait accepté une situation inhabituelle et très inconfortable. D'habitude, songeait-elle, c'est le président qui est tout-puissant, et qui maîtrise les ordres et les temps de parole. Quand je me lève pour requérir, personne ne me limite sauf moi-même, et ici c'est manifestement l'inverse, c'est peut-être justice après tout. Je n'avais pas à me fourrer dans ce guêpier.

Elle pensait à ses proches qu'elle avait naïvement prévenus et qui à leur tour avaient dû contacter leurs amis et allaient suivre en direct ce qu'elle pressentait comme une catastrophe. Elle évoquait son procureur aussi, qui avait donné son accord et lui faisait confiance pour représenter la justice, et à ses chers collègues dont certains allaient ricaner. « Cela t'apprendra à vouloir être reconnue autrement que par ton activité normale. Le service public, ce n'est pas s'égarer dans la notoriété momentanée d'une émission télévisée. »

Elle se sentait vulnérable et très seule. Personne ici ne savait qu'elle était en cours de divorce et traversait un moment difficile de son existence personnelle, confrontée à un homme devenu indifférent, qui, au fond, n'était pas mécontent qu'elle ait étourdiment pris l'initiative (donc subi l'opprobre) d'une séparation qu'il envisageait en secret mais dont il ne voulait pas assumer la responsabilité.

L'émission commença. Très vite, ce qu'elle pressentait et redoutait arriva : il s'agissait, pour les victimes et le célèbre animateur, de mettre en accusation et la police et la justice, accusées de ne rien faire pour répondre aux drames quotidiens que constituaient les violences conjugales parfois meurtrières subies par des milliers de femmes.

Naturellement, ils n'avaient pas tort, et elle le savait mieux que personne. Elle était en effet confrontée chaque jour aux résistances de certains services de police et de chers collègues qui trouvaient qu'après tout ce qui arrivait à l'intérieur d'un appartement et au sein d'un couple ne troublait pas le sacro-saint ordre public et, tant que les blessures n'étaient pas graves, ne méritait pas que l'on se mobilise à ce point. Ils avaient tous le même argument : « Elles viennent toujours retirer leurs plaintes, et elles retournent le plus souvent vivre avec leur compagnon violent, donc cela ne sert à rien d'intervenir. »

Et, sur ce point également, elle savait que les policiers et les magistrats n'avaient pas tort et que cela aussi correspondait bien à une réalité. Mais peu se demandaient précisément pourquoi, et ne cherchaient pas quelles étaient les multiples causes d'un comportement en apparence incohérent. Ils voulaient ignorer la situation paradoxale et singulière de ces victimes, leur dépendance ancienne et leurs peurs multiples face à la charge des enfants et au manque d'argent. Ils ne s'interrogeaient pas sur les liens affectifs ambigus mais puissants qui les rattachaient à leur compagnon, et sur leur grande angoisse face à la solitude devant les responsabilités, en un mot leur détresse.

Cette prise de conscience, elle l'avait eue depuis des mois déjà, et s'en était entretenue avec de nombreuses femmes battues qu'elle recevait longuement quand celles-ci se présentaient à elle. Elle en avait souvent parlé avec la psychiatre, laquelle, assise ce soir-là à ses côtés, subissait le débat comme elle, mais ne parvenait pas davantage à s'exprimer, car on ne lui donnait pas la parole.

Elle trouvait injuste de subir ainsi durement le ressentiment public des victimes que l'animateur encourageait, et en ayant à peine la possibilité de répondre. Alors, excédée, elle décida de reprendre l'initiative et parvint à garder quelques minutes la parole malgré l'animateur qui lui faisait signe d'arrêter mais n'osait pas à cet instant couper carrément son micro. Elle tenta de modérer les reproches des victimes mécontentes et d'expliquer, précisément, la difficulté rencontrée par les juges et les procureurs confrontés à leur ambivalence.

Alors l'une d'elles l'apostropha : « On voit bien, on voit bien, Madame, que vous n'avez jamais été battue ! » Interloquée, surprise, désarçonnée, elle répliqua spontanément, un peu comme une coupable : « En effet, c'est vrai, je n'ai jamais été battue. »

Elle rentra chez elle, éprouvée et seule, vers 11 heures du soir. Le téléphone sonna. C'était son mari, son futur ex-mari. Il riait, il semblait s'amuser beaucoup : « Je te remercie, lui dit-il, oui je te remercie vraiment d'avoir fait savoir ce soir à tout le monde que je n'ai jamais levé la main sur toi. »

Un deuxième appel, plus surprenant, lui parvint le lendemain matin. C'était l'un de ses anciens clients, un hôtelier des environs de Marseille qu'elle avait défendu un jour devant le conseil des prud'hommes : « Je vous ai vue hier, et j'ai surtout vu M. X. (il parlait du journaliste), et je dois vous dire qu'il ne manque pas d'audace. » Elle pensait qu'il faisait référence au débat très déséquilibré, mais il ne s'agissait pas de cela : « Il est venu ici dans mon hôtel, il y a juste un an, avec une femme. Ils se sont disputés dans le hall, près de la réception, et devant tout le monde... il lui a donné une gifle magistrale ! »

La dernière apparition

L'appel téléphonique de la jeune journaliste avait constitué pour elle une divine surprise. Elle allait enfin sortir de son enfermement. Depuis plusieurs mois, elle découvrait la douloureuse réalité qui peu à peu paralyse celui qui n'est plus rien. Face à la mention « profession » des questionnaires distribués dans les avions que les passagers devaient renseigner avant d'atterrir dans un pays n'appartenant pas à la Communauté européenne, elle devait désormais, piteusement, se résigner à écrire « retraitée ».
Retraité... Ce mot abhorré, auquel on accole généralement le qualificatif de « petit » qui illustre à la fois le rabougrissement de l'être vieillissant dont la colonne vertébrale se tasse et la réduction sensible de ses revenus... Retraité... Mot fréquemment associé également à celui de chômeur dans les rubriques « Société » des quotidiens, évoquant la précarité des citoyens les plus démunis. Seuls les bénéficiaires de parachutes dorés n'étaient jamais ainsi nommés, qui restaient toujours « ancien président-directeur général » de la société X ou Y.
Ce jour-là, du fond de sa grotte, une lumière avait jailli vers elle, l'appel d'une journaliste qui la conviait à s'exprimer devant les téléspectateurs d'une grande chaîne, avec quatre autres participants, à un débat portant sur la réforme de la cour d'assises. Il était temps !
Quelques jours auparavant, elle était allée à la rencontre de l'une de ses amies, conseiller à la cour de cassation, au palais de justice de Paris, avec laquelle elle devait déjeuner place Dauphine. Elle avait fortuitement croisé, galerie de Harlay, le chemin d'un célèbre avocat pénaliste qui avait souvent plaidé devant elle, du temps de sa splendeur, lorsqu'elle exerçait la fonction glorieuse de président de cour d'assises. Il s'était arrêté en la reconnaissant et, avec un chaleureux sourire, l'avait interrogée : « Je suis heureux de vous voir, où êtes-vous maintenant ? » Le grand ténor ne

lisait pas assez régulièrement le *Journal officiel*. Elle avait réagi spontanément : « Ah, c'est fini, je ne suis plus nulle part, depuis six mois j'ai fait valoir mes droits à la retraite, comme le dit la formule. »

Il était impossible pour elle de ne pas percevoir la modification immédiate du comportement de son interlocuteur, qui cherchait déjà, en regardant par-dessus son épaule, qui de plus important allait surgir dans la galerie lui permettant de fuir rapidement cette magistrate honoraire soudainement transformée, comme Cendrillon après minuit, en une vieille dame inutile et importune.

Depuis le jour fatal où ses collègues, après un discours élogieux et convenu du premier président, lui avaient courtoisement, mais déjà dans une indifférence naissante – elle appartenait au passé désormais –, remis un présent de départ autour d'une flûte de champagne, elle s'ennuyait.

Elle avait beau s'amuser à rédiger quotidiennement quelques anecdotes tragi-comiques en souvenir de son long passage dans la judicature, elle s'ennuyait. Elle pouvait lire assidûment tous les comptes rendus d'audience, et analyser consciencieusement tous les commentaires de juristes connus ou obscurs défendant ou stipendiant les projets de loi quasi hebdomadaires qu'un président de la République quelque peu frénétique imaginait dès qu'un événement tragique émouvait l'opinion, elle s'ennuyait.

Elle se comparait souvent, en se réveillant sans projet dans sa nouvelle oisiveté, aux chevaux trop vieux pour la course qui achèvent leur existence à la campagne. Le titre élégant de « magistrat honoraire » dont elle était désormais, et suivant l'usage, affublée, elle qui avait aimé les honneurs et décorations, ne la consolait pas. Sa « maison », le grand palais aux longs couloirs bordé d'anciens calorifères, ces superbes et massifs poêles de fonte aux reflets de bronze, lui manquait terriblement. Les salles sombres plaquées de chêne, les dossiers débordant des chemises cartonnées dans lesquels s'écrivaient les drames et

passions des hommes, les paroles laborieusement échangées par les acteurs involontaires des audiences à la fois théâtrales et misérablement douloureuses, tout lui était nostalgie.
Elle ne pouvait oublier ces interminables audiences, cet accouchement patient et cet accomplissement parfois, lorsque soudain venaient les mots libérateurs : un aveu jusque-là bloqué par un déni prolongé. Elle savait qu'ils ne comprenaient rien aux hommes, ceux qui réduisaient l'aveu ainsi obtenu au triomphe d'une obscure volonté de puissance et de répression, alors qu'il constituait simplement pour elle un des vecteurs pouvant permettre, à l'accusé comme à la victime, de retrouver une sorte de paix salutaire, la sanction prononcée devenant relativement secondaire.
Grâce à la demande de la journaliste, elle avait l'impression d'émerger d'un long sommeil. L'émission avait lieu trois jours plus tard. Elle s'y prépara comme à un concours. Elle rechercha dans ses livres tout l'historique de la cour d'assises depuis la Révolution française. Elle retrouva tous les débats parlementaires, elle obtint le projet de loi corrigé, et les observations de toutes les personnes consultées. Elle lut presque tous les articles rédigés par des savants ou des commentateurs plus approximatifs, elle travailla d'arrache-pied. Elle réfléchissait, pesait ses arguments et choisissait sa thèse, car elle savait que la controverse serait vive, et elle aimait le combat des mots. Elle avertit quelques amis, parmi ses proches.
Au tout dernier moment, elle songea à son apparence. Vaguement consciente du fait que ce n'était pas anodin, elle s'en remit aux conseils de sa meilleure amie, connue pour son élégance discrète. Celle-ci lui parla sans ambages : « Tu ne te préoccupes pas assez de ton allure, tu devrais porter autre chose que du blanc et du noir comme tu fais d'habitude. Choisis une veste de couleur vive, un vermillon ou un fuchsia, et fais-toi couper les cheveux, ils sont trop longs et en désordre… »

Elle avait suivi ses conseils. L'émission allait commencer un quart d'heure plus tard. Assis à ses côtés dans la petite salle de maquillage, l'un des invités, un philosophe-écrivain célèbre qui avait des avis sur tout, était à peine aimable. Dans ces studios, il était chez lui et le faisait savoir, familier et amical avec le présentateur, qu'il appelait par son prénom, et ignorant ostensiblement les autres invités.

Le débat dura une heure. Le philosophe fut disert et brillant, souriant vaguement quand elle ou l'un des autres intervenants tentaient de prendre la parole. Elle put exprimer durant quelques minutes une infime partie de ses réflexions, et sortit des studios perplexe. Avait-elle été claire ? Et pas trop maladroite ? Le peu qu'elle avait dit avait-il été compris ? Son analyse juridique n'était-elle pas confuse ? La pédagogie (son obsession de toujours) avait-elle été au rendez-vous ?

Madame la magistrate honoraire était un peu frustrée et surtout très inquiète. Sa préparation minutieuse du débat n'avait pas servi à grand-chose. Elle trouvait rétrospectivement dérisoire et ridicule le soin qu'elle avait pris pour paraître à son avantage, la coupe de cheveux et le choix de sa veste, quelle importance…

Le premier appel téléphonique la surprit dans la rue alors qu'elle attendait un taxi devant les studios de la chaîne. Une amie qui exultait : « Je viens te féliciter, j'espère que je suis la première, tu étais vraiment très bien, cette nouvelle coiffure est parfaite. » Elle l'interrompit : « Et sur le fond ? » Son amie se tut soudain, embarrassée… « Je n'ai pas fait très attention, mais je voulais te dire que ta veste rouge était superbe, quelle bonne idée tu as eue de choisir cette couleur, je vais te dire, comme tu étais, tu ne faisais pas du tout ton âge… »

Un signal d'appel l'informait que quelqu'un cherchait à la joindre, elle s'excusa. Sa sœur aînée l'appelait de province et l'informait joyeusement qu'elle l'avait trouvée en grande forme. « Il faut que tu gardes cette nouvelle coiffure, elle te rajeunit de dix ans ! » « Et

le débat ? » répliqua-t-elle. « Pas mal, pas mal, et surtout ta veste rouge qui te rendait lumineuse, tu viens de l'acheter ? » Le taxi arrivait, sa sœur consentit à raccrocher.
Un troisième appel, aussitôt, sa fille : « Très bien, maman, tu étais très bien, je t'ai vue avec les enfants, tout le monde t'a trouvé jolie, et papa t'a regardée aussi, il t'a trouvée très rajeunie. »
Le soir et le lendemain, elle reçut une dizaine d'appels, quelques anciens collègues, des amis avocats, une cousine lointaine, une camarade de faculté qui avait réussi à obtenir son téléphone, et tous la déclaraient « vraiment en forme et très télégénique », mais n'évoquaient pas le débat. Leur conclusion restait la même : « C'est fou ce que tu faisais jeune ! » Inlassablement, elle les coupait : « Et sur le fond ? » Ils esquivaient tous. Elle était consternée.
Le coup de grâce lui fut infligé par son plus vieil ami, un avocat célèbre, dont elle n'avait plus de nouvelles depuis quelque temps : « Heureux de te revoir, j'ai suivi l'émission, tu as été vraiment parfaite avec ta veste rouge... Ma parole, tu rajeunis ! Ou bien c'est la télévision... Devant les caméras tu te transformes, tu ne fais *pas du tout* ton âge ! »

Glossaire

Nous donnons ici des définitions simples de quelques notions limitées à la procédure pénale et au droit pénal.

Accusé
Personne poursuivie pour un crime et qui comparaît devant la cour d'assises.

Acquittement
Décision rendue par une cour d'assises déclarant l'accusé « non coupable ».

Amnistie
Loi effaçant certaines condamnations prononcées suite à des faits commis avant une date fixée par cette loi.

Arrêt
Décision rendue par une cour d'appel (par exemple la chambre de l'instruction, la chambre des appels correctionnels) ou par la cour d'assises.

Assassinat
Meurtre (ou homicide volontaire) commis avec préméditation, c'est-à-dire décidé et préparé à l'avance.

Assesseur
Magistrat siégeant aux côtés du président du tribunal correctionnel ou de la cour d'assises. Deux magistrats assesseurs et neuf jurés composent, avec le président, la cour d'assises en première instance. Deux magistrats assesseurs et le président com-

posent le tribunal correctionnel pour les délits les plus graves. Pour les délits de moindre importance, le président siège seul, sans assesseurs.

Assises
Juridiction chargée de juger les crimes. Elle siège soit dans la cour d'appel, soit dans un tribunal de grande instance, au chef-lieu du département. Elle ne constitue pas normalement une juridiction permanente, mais le nombre croissant des affaires criminelles a multiplié les sessions d'assises dans les ressorts des grandes agglomérations.

Audience
Séance normalement publique au cours de laquelle les juges (et les jurés pour la cour d'assises) entendent exposer l'affaire, et le cas échéant les témoins et les experts, puis les plaidoiries des avocats des parties civiles, le réquisitoire du procureur (tribunal correctionnel) ou de l'avocat général (cour d'assises) et enfin les plaidoiries des avocats de la défense avant de rendre la décision.

Avocat
Juriste membre d'un barreau établi auprès d'un tribunal de grande instance, l'avocat a pour mission de conseiller, de représenter, d'assister et de défendre ses clients devant les tribunaux, les cours d'appel et toutes les instances judiciaires ou disciplinaires.

Avocat général
Magistrat du ministère public (ou parquet) qui assure notamment la fonction d'accusateur devant la cour d'assises.

Bâtonnier
Avocat élu par l'ensemble de ses confrères dans un « barreau » qui regroupe les avocats inscrits auprès d'un tribunal de grande

instance. Il exerce de multiples responsabilités notamment disciplinaires à l'égard des avocats poursuivis pour manquement à leurs obligations déontologiques.

Casier judiciaire
Relevé de l'ensemble des condamnations pénales – à l'exception des peines amnistiées – prononcées contre un délinquant.

Chambre de l'instruction
Autrefois nommée « chambre d'accusation », elle est composée de trois magistrats de la cour d'appel qui statuent en cas d'appel du procureur ou des avocats des décisions rendues par les juges d'instruction. Elle examine notamment les appels portant sur la détention provisoire.

Chancellerie
Ministère de la Justice au sein duquel sont rassemblées les directions et l'administration centrale, ainsi que le ministre de la Justice et les membres de son cabinet.

Citation
Acte remis à un prévenu (citation à comparaître) ou à un témoin (citation à témoin) qui convoque cette personne à l'audience d'une juridiction (tribunal, cour d'assises) à une date et une heure précises. L'huissier doit respecter certains délais et formes, à défaut la citation peut être déclarée irrégulière.

Commission d'office
Désignation par le bâtonnier d'un avocat membre de son barreau pour assister un prévenu ou un accusé qui le demande. En urgence, le président du tribunal correctionnel ou de la cour d'assises peut également commettre un avocat d'office.

Commission rogatoire internationale
Mission délivrée par un juge et transmise à un juge d'un autre État, par laquelle il lui confie le soin d'accomplir à sa place des interrogatoires, auditions, ou autres investigations.

Conclusions
Demandes et arguments rédigés par écrit, déposés par un avocat lors de l'examen d'une affaire, auxquels le tribunal est tenu de répondre dans son jugement. Devant les juridictions pénales, les conclusions écrites ne sont pas obligatoires.

Condamnation par défaut
Décision de culpabilité rendue par le tribunal en l'absence de la personne poursuivie, lorsque la citation n'a pas été directement remise à l'intéressé. Celui-ci peut, s'il le désire, « faire opposition », c'est-à-dire faire rejuger l'affaire en sa présence.

Conseiller
Magistrat du siège de la cour d'appel. Les présidents de cours d'assises sont choisis parmi les conseillers ou les présidents de chambre d'une cour d'appel.

Constitution de partie civile
Déclaration, effectuée avant le procès ou lors de l'audience, par une victime qui informe les juges de sa volonté de demander une indemnisation (des « dommages et intérêts ») à la personne qui, en commettant l'infraction, lui a causé un préjudice. La partie civile peut alors intervenir dans la procédure et être assistée d'un avocat.

Cour d'appel
Juridiction du deuxième degré qui statue sur les recours formés contre les décisions rendues par les tribunaux de grande instance.

Cour d'assises
Juridiction compétente pour juger les crimes. Sa particularité tient à la participation en qualité de juges, aux côtés du président et des deux assesseurs, des jurés qui sont des citoyens français tirés au sort sur les listes électorales. Depuis 2000, il est possible de faire appel des arrêts rendus par la cour d'assises.

Cour de cassation
Juridiction suprême qui examine les recours formés contre les arrêts rendus par les cours d'appel. Elle ne rejuge pas les faits mais contrôle uniquement le respect des formes, de l'application du droit et de la procédure.

Crime
La plus grave des infractions prévue par le code pénal, après les délits et les contraventions. Le crime est puni de la « réclusion criminelle » de dix ans à perpétuité et jugé par la cour d'assises. Contrairement au sens usuel du mot « crime », le code pénal retient comme faits criminels des actions qui n'entraînent pas nécessairement la mort d'une victime, comme par exemple le viol ou le vol à main armée.

Délibéré
Phase préalable à la décision, qui intervient à l'issue des débats, et au cours de laquelle les juges (avec les jurés lorsqu'il s'agit d'une affaire d'assises) examinent l'ensemble des arguments présentés par les parties (accusation, partie civile, défense). Si la culpabilité est retenue, le délibéré porte ensuite sur la fixation d'une peine.

Délit
Infraction punie d'un emprisonnement maximum de dix ans jugée par le tribunal correctionnel.

Délit flagrant
Délit qui vient d'être commis et qui est aussitôt suivi d'une enquête dite « en flagrance » effectuée par la police judiciaire.

Déposition
Déclarations faites à l'audience par un témoin.

Détention provisoire
Incarcération avant jugement ordonnée par un juge à l'encontre d'une personne soupçonnée d'avoir commis un crime ou un délit grave. Cette mesure doit être exceptionnelle et justifiée soit par le risque de fuite, soit par le retentissement particulier des faits (trouble à l'ordre public), soit par les nécessités de l'instruction (risques de pressions sur les victimes ou les témoins, par exemple), soit encore par une crainte sérieuse que le suspect ne recommence à commettre les infractions (risques de réitération).

Dommages et intérêts
Somme d'argent réclamée par la victime d'une infraction qui a subi un préjudice et qui présente sa demande au tribunal ou à la cour d'assises.

Élargi
Personne détenue qui est mise en liberté.

Enquête
Recherches (ou investigations) effectuées par la police judiciaire, après une infraction, pour établir les circonstances des faits et en retrouver le ou les auteurs.

Expert
Technicien qualifié inscrit sur une liste établie par l'autorité judiciaire. Il est mandaté par un juge pour examiner soit une

personne soit une situation (par exemple un psychiatre ou un technicien en balistique) et après avoir accompli sa mission, il remet un rapport destiné à éclairer le juge. Devant la cour d'assises, l'expert expose oralement son rapport.

Garde à vue
Possibilité donnée à la police judiciaire de retenir une personne pendant vingt-quatre heures au maximum (et éventuellement, avec l'autorisation du procureur, quarante-huit heures) pour les nécessités d'une enquête. Le procureur surveille et contrôle les gardes à vue ; un avocat doit être avisé et pouvoir s'entretenir avec la personne gardée à vue.

Greffier
Assistant des juges chargé notamment de transcrire et d'authentifier certains actes de procédure comme les interrogatoires et les auditions effectués par un juge d'instruction, ainsi que tout le déroulement des audiences des tribunaux et ou des cours d'assises.

Homicide volontaire
Meurtre ou atteinte volontaire à la vie humaine. Si l'homicide volontaire est prémédité, c'est-à-dire préparé, il est qualifié d'« assassinat ».

Incapacité
Impossibilité constatée médicalement puis judiciairement d'accomplir certains actes compte tenu notamment d'un état psychique. Par exemple : majeurs protégés placés sous tutelle ou sous curatelle. Cette impossibilité peut également être liée à l'âge (mineurs de moins de dix-huit ans).

Infraction

Fait contraire aux prescriptions du code pénal, c'est-à-dire transgression à la loi pénale, quelle que soit sa gravité. Un dépassement de vitesse est une infraction contraventionnelle, un vol est une infraction délictuelle, un viol une infraction criminelle.

Instruction

Recherche de la vérité effectuée par un juge d'instruction, encore appelée « information judiciaire », permettant à ce juge de procéder à de nombreux actes comme la mise en examen d'un suspect, des interrogatoires, des auditions, des perquisitions, des expertises...

Juge

Magistrat ayant pour fonction de juger, pouvant décider notamment de la culpabilité d'une personne, nommé « juge du siège » par opposition aux magistrats du parquet qui ont pour fonction de diriger les investigations puis de décider le cas échéant de poursuivre un suspect et de requérir (demander) une peine. Certains citoyens non magistrats sont amenés à exercer des fonctions de juges comme les membres du conseil des prud'hommes, les juges consulaires du tribunal de commerce ou les jurés de la cour d'assises. Dans le langage courant, le terme juge désigne par erreur tous les magistrats, y compris les magistrats du parquet.

Jugement

Décision rendue par un ou plusieurs juges. En cour d'appel ou en cour d'assises, cette décision est nommée « arrêt ».

Juré

Citoyen de nationalité française âgé au moins de vingt-trois ans tiré au sort sur les listes électorales et désigné pour faire partie d'une cour d'assises pendant une session (généralement d'une durée de deux semaines).

Jurisprudence
Décisions de justice qui ont fait l'objet de publications et qui permettent de connaître comment les juridictions comprennent et interprètent les lois. Ces décisions peuvent « faire autorité », en particulier quand la loi n'est pas claire.

Libération conditionnelle
Mise en liberté avant l'expiration normale de la peine, décidée par un ou plusieurs magistrats du siège, soumise à certaines conditions et imposant un contrôle au condamné après sa sortie de prison.

Magistrat
Fonctionnaire public chargé d'exercer une fonction judiciaire. Les magistrats en France font partie soit des « magistrats du ministère public », soit des « magistrats du siège ». Ils peuvent, au cours de leur carrière, passer de l'une à l'autre de ces deux fonctions.

Magistrats du ministère public
Ces magistrats sont aussi nommés « magistrats du parquet ». Ils ont pour fonction de veiller aux intérêts de la société et notamment de diriger les actions de la police judiciaire, de contrôler les gardes à vue, de décider des éventuelles poursuites pénales, de saisir un juge d'instruction, de requérir des peines aux audiences, et de veiller à leur exécution.

Magistrats du siège
Ces magistrats sont appelés les « juges » et siègent dans différentes juridictions. On parle aussi à leur propos de « magistrature assise » par opposition aux magistrats du parquet ou « magistrature debout ». Ils ont pour fonction de rendre des décisions après avoir entendu et examiné les arguments des parties en cause.

Mis en examen
Personne à laquelle un juge d'instruction fait connaître qu'il retient contre lui l'existence d'indices graves et concordants qui le font soupçonner d'avoir commis une infraction criminelle ou délictuelle et qui justifient que le juge d'instruction recherche les preuves de sa culpabilité ou de son innocence.

Non-lieu
Décision rendue par un juge d'instruction qui met fin aux poursuites engagées contre un mis en examen faute de preuves suffisantes à son encontre, ou (en cas d'instruction contre X) parce que l'auteur des faits n'a pas été identifié. Le « non-lieu » peut intervenir également si la réalité de l'infraction n'est pas démontrée.

Nullité
Irrégularité substantielle, c'est-à-dire de nature à justifier l'annulation de l'acte qui en est affecté.

Opposition (acte d'opposition)
Déclaration d'une personne condamnée par défaut qui manifeste sa volonté d'être jugée à nouveau et qui entraîne la disparition du jugement initial qui devient « nul et non avenu ».

Parquet
Voir « Magistrats du ministère public ».

Partie civile
Voir « Constitution de partie civile ».

Police judiciaire
Ensemble des membres de la police et de la gendarmerie qui exécutent des enquêtes à la suite d'infractions. Elle effectue

notamment les constatations, les recherches de preuves, et les identifications des auteurs. La police judiciaire agit spontanément ou à la demande d'un magistrat du parquet ou d'un juge du siège.

Préjudice
Dommage corporel, matériel ou moral subi par une victime à la suite d'une infraction.

Prétoire
Salle d'audience du tribunal, de la cour d'appel ou de la cour d'assises.

Prévenu
Personne à laquelle le ministère public impute une infraction et qui est citée devant un tribunal correctionnel en cas de délit ou de police en cas de contravention. (En cas de crime, la personne est nommée « accusé ».)

Procureur de la République
Magistrat dirigeant « le parquet », c'est-à-dire l'ensemble des magistrats du ministère public d'un tribunal de grande instance.

Procureur général
Magistrat dirigeant le « parquet général », c'est-à-dire l'ensemble des magistrats du ministère public d'une cour d'appel ou de la cour de cassation.

Relaxe
Décision rendue par le tribunal de police ou le tribunal correctionnel déclarant un prévenu non coupable. (Synonyme d'« acquittement » en cour d'assises.)

Récidive

Situation d'une une personne déjà condamnée qui réitère une infraction malgré sa précédente condamnation. Généralement, cet « état de récidive » entraîne une aggravation de la peine encourue.

Renvoi

Report à une date ultérieure de l'examen d'une affaire par une juridiction.

Réquisitoire

Réquisitoire définitif : écrit rédigé par le procureur à l'issue d'une instruction par lequel celui-ci expose les faits puis ses arguments et ses « réquisitions » (demandes) tendant soit au non-lieu soit aux poursuites contre la personne mise en examen. Réquisitoire oral : explications verbales données à l'audience du tribunal ou de la cour d'assises par le magistrat du ministère public, tendant généralement à démontrer la culpabilité du prévenu ou de l'accusé. (Rien n'interdit cependant à ce magistrat de requérir une relaxe ou un acquittement.) En cas de démonstration de culpabilité, le réquisitoire comporte ensuite une demande de peine.

Rôle

Liste des affaires fixées à l'audience d'un tribunal ou d'une cour d'assises.

Siège

Voir « Magistrats du siège ».

Substitut

Magistrat du parquet (membre du ministère public) qui exerce ses fonctions sous l'autorité du procureur de la République.

Sursis
Non-exécution d'une peine pourtant prononcée par le tribunal ou la cour lorsque, tout en fixant cette condamnation, la juridiction décide que la peine ne sera subie par le condamné que s'il récidive.

Témoin
Personne qui dépose sous serment devant la police judiciaire ou la justice, et qui fait le récit (« déposition ») des faits qu'elle a directement connus ou donne des renseignements sur une personne. Le témoin est dans l'obligation de répondre aux convocations.

Tribunal
Juridiction composée soit d'un juge seul (tribunal de police et tribunal correctionnel pour certains délits mineurs), soit de trois juges (tribunal correctionnel), chargée de rendre une décision (jugement) après avoir entendu les parties.

Tutelle
Mesure de protection juridique des personnes dont il est médicalement constaté qu'elles ne sont pas en état d'exercer réellement leurs droits. Les mineurs de moins de dix-huit ans sont normalement sous la tutelle de leurs parents.

Victime
Personne ayant personnellement subi un acte de délinquance.

Verdict
Décision rendue à l'issue du délibéré par une cour d'assises.

3, rue Française, 75001 Paris

Diffusion : VOLUMEN
Couverture : Marguerite Lecointre
Mise en pages : Clémentine Hède
Imprimé en France
Imprimerie France Quercy-Mercuès

ISBN 978-2-3626-7000-8
Dépôt légal : janvier 2011